Goethe | Götz von Berlichingen

Reclam XL | Text und Kontext

Johann Wolfgang Goethe

Götz von Berlichingen mit der eisernen Hand

Ein Schauspiel

Herausgegeben von Martin C. Wald

Reclam

Der Text dieser Ausgabe ist seiten- und zeilengleich mit der Ausgabe der Universal-Bibliothek Nr. 71. Er wurde auf der Grundlage der gültigen amtlichen Rechtschreibregeln orthographisch behutsam modernisiert.

Zu diesem Text gibt es eine Interpretationshilfe:
Johann Wolfgang Goethe, *Götz von Berlichingen*.
Lektüreschlüssel (Nr. 15331)

Reclam XL | Text und Kontext | Nr. 16135
2014, 2022 Philipp Reclam jun. Verlag GmbH,
Siemensstraße 32, 71254 Ditzingen
info@reclam.de
Durchgesehene Ausgabe 2022
Druck und Bindung: Elanders Waiblingen GmbH,
Anton-Schmidt-Straße 15, 71332 Waiblingen
Printed in Germany 2026
RECLAM ist eine eingetragene Marke
der Philipp Reclam jun. GmbH & Co. KG, Stuttgart
ISBN 978-3-15-016135-7
reclam.de

Die Reihe bietet neben dem Text Worterläuterungen in Form von Fußnoten und Sacherläuterungen in Form von Anmerkungen im Anhang, auf die am Rand mit Pfeilen (↗) verwiesen wird. Quellen im Anhang werden mit dem Zeichen Q kenntlich gemacht.

Inhalt

Personen

KAISER MAXIMILIAN
GÖTZ VON BERLICHINGEN
ELISABETH, seine Frau
MARIA, seine Schwester
CARL, sein Söhnchen
GEORG, sein Bube
BISCHOF VON BAMBERG
WEISLINGEN
ADELHEID VON WALLDORF
LIEBETRAUT
} an des Bischofs Hofe
ABT VON FULDA
OLEARIUS, beider Rechte Doktor
BRUDER MARTIN
HANS VON SELBITZ
FRANZ VON SICKINGEN
LERSE
FRANZ, Weislingens Bube
KAMMERFRÄULEIN der Adelheid
METZLER, SIEVERS, LINK, KOHL, WILD, Anführer der rebellischen Bauern
HOFFRAUEN, HOFLEUTE am bambergschen Hofe
KAISERLICHE RÄTE
RATSHERRN von Heilbronn
RICHTER des heimlichen Gerichts
ZWEI NÜRNBERGER KAUFLEUTE
MAX STUMPF, pfalzgräflicher Diener
EIN UNBEKANNTER
BRAUTVATER
BRÄUTIGAM
} Bauern
BERLICHING'SCHE, WEISLING'SCHE, BAMBERGSCHE Reiter
HAUPTLEUTE, OFFIZIERE, KNECHTE von der Reichsarmee

7 **Bube:** Knappe, Diener, Gehilfe

SCHENKWIRT
GERICHTSDIENER
HEILBRONNER BÜRGER
STADTWACHE
GEFÄNGNISWÄRTER
BAUERN
ZIGEUNERHAUPTMANN
ZIGEUNER, ZIGEUNERINNEN

Erster Akt

Schwarzenberg in Franken.
Herberge.

Metzler, Sievers, Bauern am Tische. Zwei Reutersknechte beim Feuer. Wirt.

SIEVERS. Hänsel, noch ein Glas Branntewein, und mess christlich.

WIRT. Du bist der Nimmersatt.

METZLER *(leise).* Erzähl das noch einmal, vom Berlichingen, die Bamberger dort ärgern sich sie möchten schwarz werden.

SIEVERS. Bamberger? Was tun die hier?

METZLER. Der Weislingen ist oben auf'm Schloss beim Herrn Grafen schon zwei Tage, dem haben sie das Gleit geben, ich weiß nicht wo er herkommt, sie warten auf ihn, er geht zurück nach Bamberg.

SIEVERS. Wer ist der Weislingen?

METZLER. Des Bischofs rechte Hand, ein gewaltiger Herr, der dem Götz auch auf'n Dienst lauert.

SIEVERS. Er mag sich in Acht nehmen.

METZLER. Ich bitt dich erzähl's doch noch einmal! *(Laut.)* Seit wann hat denn der Götz wieder Händel mit dem Bischof von Bamberg? Es hieß ja, alles wäre vertragen und geschlichtet.

SIEVERS. Ja, vertrag du mit den Pfaffen. Wie der Bischof sah, er richt nichts aus, und zieht immer den Kürzern, kroch er zum Kreuz, und war geschäftig, dass der Vergleich zu Stand käm. Und der getreuherzige Berlichingen gab unerhört nach, wie er immer tut, wenn er im Vorteil ist.

METZLER. Gott erhalt' ihn! Ein rechtschaffner Herr!

SIEVERS. Nun denk, ist das nicht schändlich? Da werfen sie ihm einen Buben nieder, da er sich nichts weniger versieht. Wird sie aber schon wieder dafür lausen.

19 **auf'n Dienst lauert:** das Verhalten (eines Dieners) scharf beobachtet | 22 **Händel:** Streitereien, Auseinandersetzungen | 25 **Pfaffen:** (abwertend für) Priester, Geistliche | 26 f. **kroch er zum Kreuz:** gab er nach, unterwarf er sich | 31 f. **Da werfen sie ihm … versieht:** Da überwältigen sie einen Diener, als er es am wenigsten erwartet; vgl. Anm. zu 5,31 f.

METZLER. Es ist doch dumm, dass ihm der letzte Streich missglückt ist; er wird sich garstig erbost haben.

SIEVERS. Ich glaub nicht, dass ihn lang was so verdrossen hat. Denk auch, alles war aufs genauste verkundschaft, wann der Bischof aus dem Bad käm, mit wie viel Reutern, welchen Weg; und wenn's nicht wär durch falsche Leut verraten worden, wollt' er ihm das Bad gesegnet und ihn ausgerieben haben.

ERSTER REUTER. Was räsoniert ihr von unserm Bischof? Ich glaub ihr sucht Händel.

SIEVERS. Kümmert euch um eure Sachen. Ihr habt an unserm Tisch nichts zu suchen.

ZWEITER REUTER. Wer heißt euch von unserm Bischof despektierlich reden?

SIEVERS. Hab ich euch Red und Antwort zu geben? Seht doch den Fratzen!

ERSTER REUTER *(schlägt ihm hinter die Ohren).*

METZLER. Schlag den Hund tot.

(Sie fallen übereinander her.)

ZWEITER REUTER. Komm her, wenn du's Herz hast.

WIRT *(reißt sie voneinander).* Wollen ihr Ruh haben! Tausend Schwerenot: Schert euch 'naus, wenn ihr was auszumachen habt. In meiner Stub soll's ehrlich und ordentlich zugehen. *(Schiebt die Reuter zur Tür hinaus.)* Und ihr Esel was fangen ihr an?

METZLER. Nur nit viel geschimpft Hänsel, sonst kommen wir dir über die Glatze. Komm Kamerad wollen die draus plauen.

Zwei Berlichingische Reuter kommen.

ERSTER REUTER. Was gibt's da?

SIEVERS. Ei guten Tag Peter! Veit, guten Tag! Woher?

ZWEITER REUTER. Dass du dich nit unterstehst zu verraten, wem wir dienen.

SIEVERS *(leise).* Da ist euer Herr Götz wohl auch nit weit.

ERSTER REUTER. Halt dein Maul! Habt ihr Händel?

1 **Streich:** hier für: Schlag, Kriegshandlung | 2 **garstig:** arg, schlimm, überaus | 3 **verdrossen:** geärgert | 5 **Bad:** hier: Kurort mit Bäderbetrieb | 9 **räsoniert:** hier im Sinne von: nörgelt | 13 f. **despektierlich:** respektlos | 16 **Fratzen:** hier für: Narren, albernen Menschen | 32 **unterstehst:** erlaubst, herausnimmst

SIEVERS. Ihr seid den Kerls begegnet draus, sind Bamberger.

ERSTER REUTER. Was tun die hier?

METZLER. Der Weislingen ist droben auf'm Schloss, beim gnädigen Herrn, den haben sie geleit.

ERSTER REUTER. Der Weislingen.

ZWEITER REUTER *(leise)*. Peter! das ist ein gefunden Fressen. Wie lang ist er da?

METZLER. Schon zwei Tage. Aber er will heut noch fort, hört ich einen von den Kerls sagen.

ERSTER REUTER *(leise)*. Sagt ich dir nicht er wär daher? Hätten wir dort drüben eine Weile passen können. Komm Veit.

SIEVERS. Helft uns doch erst die Bamberger ausprügeln.

ZWEITER REUTER. Ihr seid ja auch zu zwei. Wir müssen fort. Adies. *(Ab.)*

SIEVERS. Scheißkerle die Reuter, wann man sie nit bezahlt, tun sie dir keinen Streich.

METZLER. Ich wollt' schwören sie haben einen Anschlag. Wem dienen sie?

SIEVERS. Ich soll's nit sagen. Sie dienen dem Götz.

METZLER. So! Nun wollen wir über die draus. Komm, solang ich einen Bengel hab, fürcht ich ihre Bratspieße nicht.

SIEVERS. Dürften wir nur so einmal an die Fürsten, die uns die Haut über die Ohren ziehen.

Herberge im Wald.

Götz vor der Türe unter der Linde.

GÖTZ. Wo meine Knechte bleiben. Auf und ab muss ich gehen, sonst übermannt mich der Schlaf. Fünf Tag und Nächte schon auf der Lauer. Es wird einem sauer gemacht, das bisschen Leben und Freiheit. Dafür, wenn ich dich habe Weislingen, will ich mir's wohl sein lassen. *(Schenkt ein.)* Wieder leer! Georg! Solang's daran nicht mangelt, und an frischem Mut, lach ich der Fürsten Herrschsucht und Ränke. Georg! Schickt ihr nur euren gefälligen Weis-

11 **passen:** warten, lauern | 14 **Adies:** adieu: auf Wiedersehen, tschüs | 17 **sie haben einen Anschlag:** sie führen etwas im Schilde | 21 **Bengel:** Knüppel, Prügelholz; vgl. Anm. zu 7,21 | 32 **lach ich der:** lach ich über | 33 **Ränke:** Intrigen

lingen herum zu Vettern und Gevattern, lasst mich anschwärzen. Nur immerzu. Ich bin wach. Du warst mir entwischt Bischof! So mag denn dein lieber Weislingen die Zeche bezahlen. Georg! hört der Junge nicht! Georg! Georg!

Der Bub im Panzer eines Erwachsenen.

GEORG. Gestrenger Herr!

GÖTZ. Wo stickst du! Hast du geschlafen? Was zum Henker treibst du für Mummerei? Komm her du siehst gut aus. Schäm dich nicht Junge. Du bist brav! ja, wenn du ihn ausfülltest. Es ist Hansens Kürass?

GEORG. Er wollt ein wenig schlafen, und schnallt' ihn aus.

GÖTZ. Er ist bequemer als sein Herr.

GEORG. Zürnt nicht. Ich nahm ihn leise weg, und legt ihn an, und holt meines Vaters altes Schwert von der Wand, lief auf die Wiese und zog's aus.

GÖTZ. Und hiebst um dich herum? Da wird's den Hecken und Dornen gut gegangen sein. Schläft Hans?

GEORG. Auf Euer Rufen sprang er auf und schrie mir, dass Ihr rieft. Ich wollt ihn ausschnallen, da hört ich euch zweidreimal.

GÖTZ. Geh! bring ihm seinen Panzer wieder, und sag ihm, er soll bereit sein, soll nach den Pferden sehen.

GEORG. Die hab ich recht ausgefüttert, und wieder aufgezäumt. Ihr könnt aufsitzen wann ihr wollt.

GÖTZ. Bring mir einen Krug Wein, gib Hansen auch ein Glas, sag ihm, er soll munter sein, es gilt. Ich hoffe jeden Augenblick meine Kundschafter sollen zurückkommen.

GEORG. Ach gestrenger Herr!

GÖTZ. Was hast du?

GEORG. Darf ich nicht mit?

GÖTZ. Ein andermal Georg, wann wir Kaufleute fangen und Fuhren wegnehmen.

GEORG. Ein andermal, das habt Ihr schon oft gesagt, o diesmal, diesmal. Ich will nur hintendrein laufen, nur auf der

3 f. **die Zeche bezahlen:** die Sache ausbaden, dafür büßen | 8 **stickst:** steckst | 9 **Mummerei:** Versteckspiel | 24 f. **aufgezäumt:** ein Pferd mit Zaumzeug (Kopfgestell aus Riemen und Zügeln) ausgestattet | 26 **Hansen:** dem Hans (altertümliche Dativ-Form)

Seite lauren. Ich will Euch die verschossene Bolzen wiederholen.

GÖTZ. Das nächste Mal Georg. Du sollst erst einen Wams haben, eine Blechhaube, und einen Spieß.

GEORG. Nehmet mich mit. Wär ich letzt dabei gewesen, Ihr hättet die Armbrust nicht verloren.

GÖTZ. Weißt du das?

GEORG. Ihr warft sie dem Feind an Kopf, und einer von den Fußknechten hub sie auf, weg war sie. Gelt ich weiß.

GÖTZ. Erzählen dir das meine Knechte?

GEORG. Wohl. Dafür pfeif ich ihnen auch, wenn wir die Pferde striegeln, allerlei Weisen, und lerne sie allerlei lustige Lieder.

GÖTZ. Du bist ein braver Junge.

GEORG. Nehmt mich mit, dass ich's zeigen kann.

GÖTZ. Das nächste Mal, auf mein Wort. Unbewaffnet wie du bist, sollst du nicht in Streit. Die künftigen Zeiten brauchen auch Männer. Ich sage dir Knabe, es wird eine teure Zeit werden, Fürsten werden ihre Schätze bieten um einen Mann den sie jetzt hassen. Geh Georg, gib Hansen seinen Kürass wieder, und bring mir Wein. *(Georg ab.)* Wo meine Knechte bleiben! Es ist unbegreiflich. Ein Mönch! Wo kommt der noch her?

Bruder Martin kommt.

GÖTZ. Ehrwürdiger Vater, guten Abend! woher so spät? Mann der heiligen Ruhe, Ihr beschämt viel Ritter.

MARTIN. Dank Euch edler Herr! Und bin vorderhand nur demütiger Bruder, wenn's ja Titul sein soll. Augustin mit meinem Klosternamen, doch hör ich am liebsten Martin meinen Taufnamen.

GÖTZ. Ihr seid müd Bruder Martin, und ohne Zweifel durstig! *(Der Bub kommt.)* Da kommt der Wein eben recht.

MARTIN. Für mich einen Trunk Wasser. Ich darf keinen Wein trinken.

1 **lauren:** lauern; hier auch: zusehen | 9 **Gelt:** dialektale Floskel im Süddeutschen: hier: klar, sicher | 12 **striegeln:** das Fell eines Pferdes mit der Bürste reinigen | 12 **Weisen:** Lieder, Melodien | 14 **braver:** hier für: mutiger, tüchtiger | 27 **vorderhand:** süddeutsch: zunächst einmal, einstweilen | 28 **Titul:** Anrede; vgl. Anm. zu 9,28

GÖTZ. Ist das Euer Gelübde?

MARTIN. Nein gnädiger Herr, es ist nicht wider mein Gelübde Wein zu trinken; weil aber der Wein wider mein Gelübde ist; so trinke ich keinen Wein.

GÖTZ. Wie versteht Ihr das?

MARTIN. Wohl Euch, dass Ihr's nicht versteht. Essen und trinken mein ich, ist des Menschen Leben.

GÖTZ. Wohl!

MARTIN. Wenn Ihr gessen und trunken habt, seid Ihr wie neu geboren. Seid stärker, mutiger, geschickter zu Eurem Geschäft. Der Wein erfreut des Menschen Herz, und die Freudigkeit ist die Mutter aller Tugenden. Wenn Ihr Wein getrunken habt, seid Ihr alles doppelt, was Ihr sein sollt, noch einmal so leicht denkend, noch einmal so unternehmend, noch einmal so schnell ausführend.

GÖTZ. Wie ich ihn trinke, ist es wahr.

MARTIN. Davon red ich auch. Aber wir –

GEORG *(mit Wasser).*

GÖTZ *(zu Georg heimlich).* Geh auf den Weg nach Dachsbach, und leg dich mit dem Ohr auf die Erde, ob du nicht Pferde kommen hörst, und sei gleich wieder hier.

MARTIN. Aber wir, wenn gessen und trunken haben, sind wir grad das Gegenteil von dem, was wir sein sollen. Unsere schläfrige Verdauung stimmt den Kopf nach dem Magen, und in der Schwäche einer überfüllten Ruhe erzeugen sich Begierden, die ihrer Mutter leicht über den Kopf wachsen.

GÖTZ. Ein Glas, Bruder Martin, wird Euch nicht im Schlaf stören. Ihr seid heute viel gegangen. *(Bringt's ihm.)* Alle Streiter!

MARTIN. In Gottes Namen, *(sie stoßen an)* ich kann die müßige Leut nicht ausstehen, und doch kann ich nicht sagen, dass alle Mönche müßig sind, sie tun was sie können. Da komm ich von St. Veit, wo ich die letzte Nacht schlief. Der Prior führte mich in Garten, das ist nun ihr Bienenkorb. Fürtrefflicher Salat! Kohl nach Herzens Lust! Und besonders Blumenkohl und Artischocken, wie keine in Europa!

1 **Gelübde:** feierlich abgelegtes Versprechen, Schwur | 26 **ihrer Mutter:** gemeint ist die »überfüllte Ruhe« (10,25), die die Begierden hervorbringt wie die Mutter das Kind | 30 f. **müßige:** faule | 34 **Prior:** Vorsteher eines Klosters | 34 **Bienenkorb:** Symbol für die Kirche

GÖTZ. Das ist also Eure Sache nicht. *(Er steht auf sieht nach dem Jungen und kommt wieder.)*

MARTIN. Wollte, Gott hätte mich zum Gärtner oder Laboranten gemacht, ich könnte glücklich sein. Mein Abt liebt mich, mein Kloster ist Erfurt in Sachsen, er weiß ich kann nicht ruhn, da schickt er mich herum, wo was zu betreiben ist. Ich geh zum Bischof von Konstanz.

GÖTZ. Noch eins! Gute Verrichtung!

MARTIN. Gleichfalls!

GÖTZ. Was seht Ihr mich so an, Bruder?

MARTIN. Dass ich in Euren Harnisch verliebt bin.

GÖTZ. Hättet Ihr Lust zu einem? Es ist schwer und beschwerlich ihn zu tragen.

MARTIN. Was ist nicht beschwerlich auf dieser Welt, und mir kommt nichts beschwerlicher vor, als nicht Mensch sein dürfen. Armut, Keuschheit und Gehorsam. Drei Gelübde, deren jedes, einzeln betrachtet, der Natur das unausstehlichste scheint, so unerträglich sind sie alle. Und sein ganzes Leben unter dieser Last, oder der weit drückendern Bürde des Gewissens mutlos zu keichen! O Herr! was sind die Mühseligkeiten Eures Lebens, gegen die Jämmerlichkeiten eines Stands, der die besten Triebe, durch die wir werden, wachsen und gedeihen, aus missverstandner Begierde Gott näher zu rücken, verdammt.

GÖTZ. Wäre Euer Gelübde nicht so heilig, ich wollte Euch bereden einen Harnisch anzulegen, wollt' Euch ein Pferd geben, und wir zögen miteinander.

MARTIN. Wollte Gott, meine Schultern fühlten sich Kraft, den Harnisch zu ertragen, und mein Arm die Stärke, einen Feind vom Pferd zu stechen! – Arme schwache Hand, von jeher gewöhnt Kreuze und Friedensfahnen zu führen, und Rauchfässer zu schwingen, wie wolltest du Lanze und Schwert regieren? Meine Stimme, nur zu Ave und Halleluja gestimmt, würde dem Feind ein Herold meiner Schwäche sein, wenn ihn die Eurige überwältigte. Kein

3 f. Laboranten: hier: Kräutersammler für die Klosterapotheke | **32 Friedensfahnen:** bei kirchlichen Prozessionen mitgeführte Fahnen mit christlichen Motiven | **35 Herold:** Bote

Gelübde sollte mich abhalten, wieder in den Orden zu treten, den mein Schöpfer selbst gestiftet hat.

GÖTZ. Glückliche Retour!

MARTIN. Das trinke ich nur für Euch. Wiederkehr in meinen Käfig, ist allemal unglücklich. Wenn Ihr wiederkehrt Herr, in Eure Mauren, mit dem Bewusstsein Eurer Tapferkeit und Stärke, der keine Müdigkeit etwas anhaben kann, Euch zum ersten Mal nach langer Zeit, sicher für feindlichem Überfall, entwaffnet auf Euer Bette streckt, und Euch nach dem Schlaf dehnt, der Euch besser schmeckt, als mir der Trunk, nach langem Durst; da könnt Ihr von Glück sagen!

GÖTZ. Davor kommt's auch selten.

MARTIN *(feuriger)*. Und ist wenn's kommt, ein Vorschmack des Himmels. – Wenn Ihr zurückkehrt mit der Beute Eurer Feinde beladen, und Euch erinnert: den stach ich vom Pferd, eh er schießen konnte, und den rannt ich samt dem Pferd nieder, und dann reitet Ihr zu Eurem Schloss hinauf, und –

GÖTZ. Was meinet Ihr?

MARTIN. Und Eure Weiber! *(Er schenkt ein.)* Auf Gesundheit Eurer Frau! *(Er wischt sich die Augen.)* Ihr habt doch eine?

GÖTZ. Ein edles fürtreffliches Weib!

↗ MARTIN. Wohl dem, der ein tugendsam Weib hat! des lebet er noch eins so lang. Ich kenne keine Weiber, und doch war die Frau die Krone der Schöpfung.

GÖTZ *(vor sich)*. Er dauert mich! Das Gefühl seines Standes frisst ihm das Herz.

GEORG *(gesprungen)*. Herr! ich höre Pferde im Galopp! Zwei! Es sind sie gewiss.

GÖTZ. Führ mein Pferd heraus, Hans soll aufsitzen. Lebt wohl teurer Bruder, Gott geleit' Euch. Seid mutig und geduldig. Gott wird Euch Raum geben.

MARTIN. Ich bitt um Euren Namen.

GÖTZ. Verzeiht mir. Lebt wohl. *(Er reicht ihm die linke Hand.)*

3 **Glückliche Retour!:** Trinkspruch: Glückliche Rückkehr! | 14 **Vorschmack:** Vorgeschmack | 25 f. **des lebet er noch eins so lang:** da lebt er noch einmal so lang (zit. nach dem Alten Testament, Jesus Sirach 26,1); vgl. Anm. zu 12,25 f. | 28 **Er dauert mich:** Er tut mir leid

MARTIN. Warum reicht Ihr mir die Linke? Bin ich die ritterliche Rechte nicht wert?

GÖTZ. Und wenn Ihr der Kaiser wärt, Ihr müsstet mit dieser vorlieb nehmen. Meine Rechte, obgleich im Kriege nicht unbrauchbar, ist gegen den Druck der Liebe unempfindlich. Sie ist eins mit ihrem Handschuh, Ihr seht, er ist Eisen.

MARTIN. So seid Ihr Götz von Berlichingen! Ich danke dir Gott, dass du mich ihn hast sehen lassen, diesen Mann den die Fürsten hassen, und zu dem die Bedrängten sich wenden. *(Er nimmt ihm die rechte Hand.)* Lasst mir diese Hand, lasst mich sie küssen.

GÖTZ. Ihr sollt nicht.

MARTIN. Lasst mich. Du mehr wert als Reliquienhand, durch die das heiligste Blut geflossen ist, totes Werkzeug, belebt durch des edelsten Geistes Vertrauen auf Gott!

GÖTZ *(setzt den Helm auf und nimmt die Lanze).*

MARTIN. Es war ein Mönch bei uns vor Jahr und Tag, der Euch besuchte, wie sie Euch abgeschossen ward vor Landshut, wie er uns erzählte, was Ihr littet, und wie sehr es Euch schmerzte, zu Eurem Beruf verstümmelt zu sein, und wie Euch einfiel, von einem gehört zu haben, der auch nur eine Hand hatte, und als tapferer Reutersmann doch noch lange diente. Ich werde das nie vergessen.

Die zwei Knechte kommen.

GÖTZ *(zu ihnen. Sie reden heimlich).*

MARTIN *(fährt inzwischen fort).* Ich werde das nie vergessen, wie er im edelsten einfältigsten Vertrauen auf Gott sprach: und wenn ich zwölf Händ hätte, und deine Gnad wollt' mir nicht, was würden sie mir fruchten, so kann ich mit Einer –

GÖTZ. In den Haslacher Wald also. *(Kehrt sich zu Martin.)* Lebt wohl werter Bruder Martin. *(Er küsst ihn.)*

MARTIN. Vergesst mein nicht, wie ich Eurer nicht vergesse. *(Götz ab.)* Wie mir's so eng ums Herz ward, da ich ihn sah.

14 **Reliquienhand:** Körperteil eines Heiligen, das von den Gläubigen als Reliquie (lat., ›Überbleibsel‹) verehrt wird | 21 **zu Eurem Beruf:** für eure Tätigkeit | 28 **einfältigsten:** naivsten

Er redete nichts, und mein Geist konnte doch Seinigen unterscheiden. Es ist eine Wollust, einen großen Mann zu sehn.

GEORG. Ehrwürdiger Herr, Ihr schlaft doch bei uns?

MARTIN. Kann ich ein Bett haben?

GEORG. Nein Herr! Ich kenne Better nur vom Hörensagen, in unsrer Herberg ist nichts als Stroh.

MARTIN. Auch gut. Wie heißt du?

GEORG. Georg, ehrwürdiger Herr!

MARTIN. Georg! da hast du einen tapfern Patron.

GEORG. Sie sagen er wäre ein Reuter gewesen, das will ich auch sein.

MARTIN. Warte. *(Er zieht ein Gebetbuch hervor, und gibt dem Buben einen Heiligen.)* Da hast du ihn. Folge seinem Beispiel, sei brav und fürchte Gott. *(Martin geht.)*

GEORG. Ach ein schöner Schimmel, wenn ich einmal so einen hätte! – und die goldene Rüstung! – Das ist ein garstiger Drach – Jetzt schieß ich nach Sperlingen – Heiliger Georg! mach mich groß und stark, gib mir so eine Lanze, Rüstung und Pferd, dann lass mir die Drachen kommen.

Jagsthausen. Götzens Burg.

Elisabeth, seine Frau. Maria, seine Schwester. Carl, sein Söhnchen.

CARL. Ich bitte dich, liebe Tante, erzähl mir das noch einmal vom frommen Kind, 's is gar zu schön.

MARIA. Erzähl du mir's kleiner Schelm, da will ich hören ob du Acht gibst.

CARL. Wart e bis, ich will mich bedenken – Es war einmal – ja – es war einmal ein Kind, und sein Mutter war krank, da ging das Kind hin.

MARIA. Nicht doch. Da sagte die Mutter, liebes Kind –

CARL. Ich bin krank.

MARIA. Und kann nicht ausgehn.

1 f. **unterscheiden:** erkennen | 2 **Wollust:** hier für: besondere Freude, Hochgefühl | 10 **Patron:** Schutzherr; hier der heilige Georg, der Drachentöter | 14 **Heiligen:** Heiligenbild | 26 **Schelm:** Spaßvogel, Frechdachs | 28 **e bis:** ein bisschen

CARL. Und gab ihm Geld und sagte, geh hin, und hol dir ein Frühstück. Da kam ein armer Mann.

MARIA. Das Kind ging, da begegnet' ihm ein alter Mann der war – nun Carl!

CARL. Der war – alt.

MARIA. Freilich! Der kaum mehr gehen konnte, und sagte: liebes Kind –

CARL. Schenk mir was, ich hab kein Brot gessen gestern und heut, da gab ihm 's Kind das Geld.

MARIA. Das für sein Frühstück sein sollte.

CARL. Da sagte der alte Mann –

MARIA. Da nahm der alte Mann, das Kind –

CARL. Bei der Hand, und sagte, und ward ein schöner glänziger Heiliger, und sagte: Liebes Kind –

MARIA. Für deine Wohltätigkeit, belohnt dich die Mutter Gottes durch mich, welchen Kranken du anrührst –

CARL. Mit der Hand – es war die rechte glaub ich.

MARIA. Ja.

CARL. Der wird gleich gesund.

MARIA. Da lief 's Kind nach Haus, und konnt für Freuden nichts reden.

CARL. Und fiel seiner Mutter um den Hals, und weinte für Freuden –

MARIA. Da rief die Mutter, wie ist mir! und war – nun Carl.

CARL. Und war – und war –

MARIA. Du gibst schon nicht Acht – und war gesund. Und das Kind kurierte König und Kaiser, und wurde so reich, dass es ein großes Kloster bauete.

ELISABETH. Ich kann nicht begreifen wo mein Herr bleibt. Schon fünf Tag und Nächte, dass er weg ist, und er hoffte so bald seinen Streich auszuführen.

MARIA. Mich ängstigt's lang. Wenn ich so einen Mann haben sollte, der sich immer Gefahren aussetzte, ich stürbe im ersten Jahr.

ELISABETH. Dafür dank ich Gott, dass er mich härter zusammengesetzt hat.

31 **Streich:** hier für: Schlag, Kriegshandlung

CARL. Aber muss dann der Papa ausreiten, wenn's so gefährlich ist?

MARIA. Es ist sein guter Wille so.

ELISABETH. Wohl muss er lieber Carl.

CARL. Warum?

ELISABETH. Weißt du noch, wie er das letzte Mal ausritt, da er dir Weck mitbrachte?

CARL. Bringt er mir wieder mit?

ELISABETH. Ich glaub wohl. Siehst du, da war ein Schneider von Stuttgart, der war ein trefflicher Bogenschütz, und hatte zu Kölln auf'm Schießen das Beste gewonnen.

CARL. War's viel?

ELISABETH. Hundert Taler. Und darnach wollten sie's ihm nicht geben.

MARIA. Gelt, das ist garstig Carl.

CARL. Garstige Leut!

ELISABETH. Da kam der Schneider zu deinem Vater und bat ihn, er möchte ihm zu seinem Geld verhelfen. Und da ritt er aus und nahm den Köllnern ein paar Kaufleute weg und plagte sie so lang bis sie das Geld herausgaben. Wärst du nicht auch ausgeritten?

CARL. Nein, da muss man durch einen dicken dicken Wald, sind Zigeuner und Hexen drin.

ELISABETH. Is ein rechter Pursch, fürcht sich vor Hexen.

MARIA. Du tust besser Carl, leb du einmal auf deinem Schloss, als ein frommer christlicher Ritter. Auf seinen eigenen Gütern findet man zum Wohltun Gelegenheit genug. Die rechtschaffensten Ritter begehen mehr Ungerechtigkeit als Gerechtigkeit auf ihren Zügen.

ELISABETH. Schwester du weißt nicht was du redst. Gebe nur Gott dass unser Junge mit der Zeit braver wird, und dem Weislingen nicht nachschlägt, der so treulos an meinem Mann handelt.

MARIA. Wir wollen nicht richten Elisabeth. Mein Bruder ist sehr erbittert, du auch. Ich bin bei der ganzen Sache mehr Zuschauer, und kann billiger sein.

7 **Weck:** süddeutsch: Brötchen | 15 **garstig:** boshaft, gemein | 27 **Wohltun:** Gutes tun | 28 **rechtschaffensten:** anständigsten | 36 **billiger:** hier für: fairer, unvoreingenommener

ELISABETH. Er ist nicht zu entschuldigen.

MARIA. Was ich von ihm gehört, hat mich eingenommen. Erzählte nicht selbst dein Mann so viel Liebs und Guts von ihm! Wie glücklich war ihre Jugend als sie zusammen Edelknaben des Markgrafen waren.

ELISABETH. Das mag sein. Nur sag, was kann der Mensch je Gutes gehabt haben, der seinem besten treusten Freunde nachstellt, seine Dienste den Feinden meines Manns verkauft, und unsern trefflichen Kaiser, der uns so gnädig ist, mit falschen widrigen Vorstellungen einzunehmen sucht.

CARL. Der Papa! Der Papa! Der Türner bläst 's Liedel: Heisa mach 's Tor auf.

ELISABETH. Da kommt er mit Beute.

Ein Reuter kommt.

REUTER. Wir haben gejagt! wir haben gefangen! Gott grüß' Euch edle Frauen.

ELISABETH. Habt ihr den Weislingen?

REUTER. Ihn und drei Reuter.

ELISABETH. Wie ging's zu, dass ihr so lang bleibt?

REUTER. Wir laureten auf ihn zwischen Nürnberg und Bamberg, er wollte nicht kommen, und wir wussten doch er war auf der Wege. Endlich kundschaften wir ihn aus, er war seitwärts gezogen, und saß geruhig beim Grafen auf Schwarzenberg.

ELISABETH. Den möchten sie auch gern meinem Mann feind haben.

REUTER. Ich sagt's gleich dem Herrn. Auf! und wir ritten in Haslacher Wald. Und da war's kurios, wie wir so in die Nacht reiten, hüt just ein Schäfer da, und fallen fünf Wölf in die Herd', und packten weidlich an. Da lachte unser Herr und sagte: Glück zu lieben Gesellen, Glück überall und uns auch. Und es freuet' uns auch das gute Zeichen. Indem so kommt der Weislingen hergeritten mit vier Knechten.

MARIA. Das Herz zittert mir im Leibe.

5 **Edelknaben:** adlige Jugendliche, die im Dienst eines Ritters stehen | 10 **mit falschen widrigen Vorstellungen:** im Sinne von: mit Gegenreden, Einflüsterungen | 23 **geruhig:** ruhig | 25 f. **meinem Mann feind haben:** zum Feind meines Mannes machen

REUTER. Ich und mein Kamerad, wie's der Herr befohlen hatte, nistelten uns an ihn als wären wir zusammen gewachsen, dass er sich nicht regen noch rühren konnte, und der Herr und der Hans fielen über die Knechte her und nahmen sie in Pflicht. Einer ist entwischt.

ELISABETH. Ich bin neugierig ihn zu sehn. Kommen sie bald?

REUTER. Sie reiten das Tal herauf, in einer viertel Stund sind sie hier.

MARIA. Er wird niedergeschlagen sein.

REUTER. Finster g'nug sieht er aus.

MARIA. Sein Anblick wird mir im Herzen weh tun.

ELISABETH. Ah! – Ich will gleich 's Essen zurechtmachen. Hungrig werdet ihr doch all sein.

REUTER. Rechtschaffen.

ELISABETH. Nimm die Kellerschlüssel und hol vom besten Wein, sie haben ihn verdient. *(Elisabeth ab.)*

CARL. Ich will mit Tante.

MARIA. Komm Bursch. *(Ab.)*

REUTER. Der wird nicht sein Vater, sonst ging' er mit in Stall.

Götz. Weislingen. Reutersknechte.

GÖTZ *(Helm und Schwert auf den Tisch legend).* Schnallt mir den Harnisch auf, und gebt mir meinen Wams. Die Bequemlichkeit wird mir wohltun. Bruder Martin du sagtest recht. Ihr habt uns im Atem erhalten Weislingen.

WEISLINGEN *(antwortet nichts, auf und ab gehend).*

GÖTZ. Seid guten Muts. Kommt entwaffnet Euch. Wo sind Eure Kleider, ich hoffe, es soll nichts verloren gangen sein. *(Zum Knecht.)* Fragt seine Knechte und öffnet das Gepäcke, und seht zu, dass nichts abhanden komme. Ich könnt Euch auch von den meinigen borgen.

WEISLINGEN. Lasst mich so, es ist all eins.

GÖTZ. Könnt Euch ein hübsches saubres Kleid geben, ist zwar nur leinen. Mir ist's zu eng worden. Ich hatt's auf der Hochzeit meines gnädigen Herrn des Pfalzgrafen an, eben damals als Euer Bischof so giftig über mich wurde. Ich hatt

2 nistelten uns an ihn: drängten uns dicht an ihn heran | **5 nahmen sie in Pflicht:** hier für: verpflichteten sie durch einen Eid | **14 Rechtschaffen:** hier für: sehr; und ob! | **24 im Atem erhalten:** in Atem gehalten | **31 es ist all eins:** es ist egal | **33 leinen:** aus Leinen

ihm vierzehn Tag vorher, zwei Schiff auf dem Main niedergeworfen. Und ich geh mit Franzen von Sickingen im Wirtshaus zum Hirsch in Heidelberg die Trepp hinauf. Eh man noch ganz droben ist, ist ein Absatz und ein eisern Geländerlein, da stund der Bischof und gab Franzen die Hand, wie er vorbeiging, und gab sie mir auch, wie ich hintendrein kam. Ich lacht in meinem Herzen, und ging zum Landgrafen von Hanau, der mir ein gar lieber Herr war, und sagte: Der Bischof hat mir die Hand geben, ich wett er hat mich nicht gekannt. Das hört' der Bischof, denn ich redt laut mit Fleiß, und kam zu uns trotzig – und sagte: Wohl, weil ich Euch nicht kannt hab, gab ich Euch die Hand. Da sagt ich: Herre ich merkt's wohl, dass Ihr mich nicht kanntet, und hiermit habt Ihr Eure Hand wieder. Da wurd 's Männlin so rot am Hals wie ein Krebs vor Zorn, und lief in die Stube zu Pfalzgraf Ludwig und dem Fürsten von Nassau und klagt's ihnen. Wir haben nachher uns oft was drüber zugute getan.

WEISLINGEN. Ich wollt' Ihr ließt mich allein.

GÖTZ. Warum das? Ich bitt Euch seid aufgeräumt. Ihr seid in meiner Gewalt, und ich werd sie nicht missbrauchen.

WEISLINGEN. Dafür war mir's noch nicht bange. Das ist Eure Ritterpflicht.

GÖTZ. Und Ihr wisst, dass die mir heilig ist.

WEISLINGEN. Ich bin gefangen und das Übrige ist eins.

GÖTZ. Ihr solltet nicht so reden. Wenn Ihr's mit Fürsten zu tun hättet, und sie Euch in tiefen Turn an Ketten aufhingen, und der Wächter Euch den Schlaf wegpfeifen müsste.

Die Knechte mit den Kleidern.

WEISLINGEN *(legt sich aus und an).*

Carl kommt.

CARL. Guten Morgen Papa.

GÖTZ *(küsst ihn).* Guten Morgen Junge. Wie habt ihr die Zeit gelebt?

11 **mit Fleiß:** mit Absicht, mit Vorsatz | 18 **uns oft was drüber zugute getan:** oft daran gedacht und erfreut | 20 **aufgeräumt:** gut gelaunt | 27 **in tiefen Turn:** in tiefen Turmverliesen | 30 **legt sich aus und an:** zieht sich aus und an

CARL. Recht geschickt Papa! Die Tante sagt: ich sei recht geschickt.

GÖTZ. So.

CARL. Hast du mir was mitgebracht?

GÖTZ. Diesmal nicht.

CARL. Ich hab viel gelernt.

GÖTZ. Ei!

CARL. Soll ich dir vom frommen Kind erzählen?

GÖTZ. Nach Tisch.

CARL. Ich weiß noch was.

GÖTZ. Was wird das sein?

CARL. Jagsthausen ist ein Dorf und Schloss an der Jagst, gehört seit zweihundert Jahren denen Herrn von Berlichingen erb und eigentümlich zu.

GÖTZ. Kennst du den Herrn von Berlichingen?

CARL *(sicht ihn starr an).*

GÖTZ *(vor sich).* Er kennt wohl für lauter Gelehrsamkeit seinen Vater nicht. – Wem gehört Jagsthausen?

CARL. Jagsthausen ist ein Dorf und Schloss an der Jagst.

GÖTZ. Das frag ich nicht. – Ich kannte alle Pfade, Weg' und Furten, eh ich wusst wie Fluss, Dorf und Burg hieß. – Die Mutter ist in der Küch?

CARL. Ja Papa! Sie kocht weiße Rüben und ein Lammsbraten.

GÖTZ. Weißt du's auch, Hans Küchenmeister?

CARL. Und vor mich zum Nachtisch, hat die Tante einen Apfel gebraten.

GÖTZ. Kannst du sie nicht roh essen?

CARL. Schmeckt so besser.

GÖTZ. Du musst immer was Apartes haben. – Weislingen! ich bin gleich wieder bei Euch. Ich muss meine Frau doch sehn. Komm mit Carl.

CARL. Wer ist der Mann?

GÖTZ. Grüß ihn. Bitt ihn er soll lustig sein.

CARL. Da Mann! Hast du eine Hand, sei lustig, das Essen ist bald fertig.

WEISLINGEN *(hebt ihn in die Höh und küsst ihn).* Glückliches

1 **geschickt:** hier für: lebendig | 29 **was Apartes:** was Besonderes, Abweichendes (»Extrawurst«)

Kind! Das kein Übel kennt, als wenn die Suppe lang ausbleibt. Gott lass' Euch viel Freud am Knaben erleben, Berlichingen!

GÖTZ. Wo viel Licht ist, ist starker Schatten – doch wär mir's willkommen. Wollen sehn was es gibt.

(Sie gehn.)

WEISLINGEN. O dass ich aufwachte! Und das alles wäre ein Traum! In Berlichingens Gewalt, von dem ich mich kaum losgearbeitet hatte, dessen Andenken ich mied wie Feuer, den ich hoffte zu überwältigen! Und er – der alte treuherzige Götz! Heiliger Gott, was will aus dem allen werden! Rückgeführt Adelbert in den Saal! wo wir als Buben unsere Jagd trieben. Da du ihn liebtest, an ihm hingst wie an deiner Seele. Wer kann ihm nahen und ihn hassen? Ach! Ich bin so ganz nichts hier. Glückselige Zeiten seid vorbei, da noch der alte Berlichingen hier am Kamin saß, da wir um ihn durcheinander spielten, und uns liebten wie die Engel. Wie wird sich der Bischof ängstigen, und meine Freunde. Ich weiß, das ganze Land nimmt Teil an meinem Unfall. Was ist's! Können sie mir geben wornach ich strebe?

Götz mit einer Flasche Wein und Becher.

GÖTZ. Bis das Essen fertig wird, wollen wir eins trinken. Kommt setzt Euch, tut als wenn Ihr zu Hause wärt. Denkt, Ihr seid wieder einmal beim Götz. Haben doch lange nicht beisammen gesessen, lang keine Flasche miteinander ausgestochen. *(Bringt's ihm.)* Ein fröhlich Herz!

WEISLINGEN. Die Zeiten sind vorbei.

GÖTZ. Behüte Gott. Zwar vergnügtere Tage werden wir wohl nicht wieder finden, als an des Markgrafens Hof, da wir noch beisammen schliefen, und miteinander herumzogen. Ich erinnere mich mit Freuden meiner Jugend. Wisst Ihr noch, wie ich mit dem Polacken Händel kriegte, dem ich sein gepicht und gekräuselt Haar von ohngefähr mit dem Ärmel verwischte?

9 **dessen Andenken ich mied:** an den zu denken ich mied | 27 **ausgestochen:** im Sinne von: entkorkt (geköpft, geöffnet) | 33 **Polacken:** (abwertend) Polen | 34 **gepicht … Haar:** »gegeltes« Haar. Obwohl der Ausdruck auf Pech als Haarfestiger hinweist, wurde damals eher Eiweiß genommen. | 34 **von ohngefähr:** versehentlich

WEISLINGEN. Es war bei Tische, und er stach nach Euch mit dem Messer.

GÖTZ. Den schlug ich wacker aus dazumal, und darüber wurdet Ihr mit seinem Kamerad zu Unfried. Wir hielten immer redlich zusammen als gute brave Jungens, dafür erkennte uns auch jedermann. *(Schenkt ein und bringt's.)* Castor und Pollux! Mir tat's immer im Herzen wohl, wenn uns der Markgraf so zutrank.

WEISLINGEN. Der Bischof von Würzburg hatte es aufgebracht.

GÖTZ. Das war ein gelehrter Herr, und dabei so leutselig. Ich erinnere mich seiner solange ich lebe, wie er uns liebkoste, unsere Eintracht lobte, und den Menschen glücklich pries, der ein Zwillingsbruder seines Freunds wäre.

WEISLINGEN. Nichts mehr davon.

GÖTZ. Warum nicht? Nach der Arbeit wüsst ich nichts Angenehmers, als mich des Vergangenen zu erinnern. Freilich, wenn ich wieder so bedenke, wie wir Liebs und Leids zusammen trugen, einander alles waren, und wie ich damals wähnte, so sollt's unser ganzes Leben sein. War das nicht all mein Trost wie mir diese Hand weggeschossen ward vor Landshut, und du mein pflegtest, und mehr als Bruder für mich sorgtest, ich hoffte Adelbert wird künftig meine rechte Hand sein. Und nun –

WEISLINGEN. Oh!

GÖTZ. Wenn du mir damals gefolgt hättest, da ich dir anlag mit nach Brabant zu ziehen, es wäre alles gut geblieben. Da hielt dich das unglückliche Hofleben, und das Schlenzen und Scharwenzen mit den Weibern. Ich sagt es dir immer, wenn du dich mit den eitlen garstigen Vetteln abgabst, und ihnen erzähltest von missvergnügten Ehen, verführten Mädchen, der rauen Haut einer Dritten, oder was sie sonst gerne hören, du wirst ein Spitzbub, sagt ich, Adelbert.

WEISLINGEN. Wozu soll das alles?

GÖTZ. Wollte Gott ich könnt's vergessen, oder es wär anders.

3 **dazumal:** damals | 5 f. **erkennte:** kannte | 6 f. **Castor und Pollux:** unzertrennliche Zwillinge der griechischen Mythologie; Söhne des Zeus | 9 f. **aufgebracht:** erfunden, in die Welt gesetzt | 11 **leutselig:** liebenswürdig, freundschaftlich | 26 **dir anlag:** dich inständig bat | 30 **Vetteln:** hier: sittenlosen Frauen

Bist du nicht ebenso frei, so edel geboren als einer in Teutschland, unabhängig, nur dem Kaiser untertan, und du schmiegst dich unter Vasallen. Was hast du von dem Bischof? Weil er dein Nachbar ist? Dich necken könnte? Hast du nicht Arme und Freunde, ihn wieder zu necken? Verkennst den Wert eines freien Rittersmanns, der nur abhängt von Gott, seinem Kaiser und sich selbst, verkriechst dich zum ersten Hofschranzen eines eigensinnigen neidischen Pfaffen.

WEISLINGEN. Lasst mich reden.

GÖTZ. Was hast du zu sagen?

WEISLINGEN. Du siehst die Fürsten an, wie der Wolf den Hirten. Und doch, darfst du sie schelten, dass sie ihrer Leut und Länder Bestes wahren? Sind sie denn einen Augenblick vor den ungerechten Rittern sicher, die ihre Untertanen auf allen Straßen anfallen, ihre Dörfer und Schlösser verheeren? Wenn nun auf der andern Seite unsers teuren Kaisers Länder der Gewalt des Erbfeindes ausgesetzt sind, er von den Ständen Hülfe begehrt, und sie sich kaum ihres Lebens erwehren; ist's nicht ein guter Geist der ihnen einrät auf Mittel zu denken Teutschland zu beruhigen, die Staatsverhältnisse näher zu bestimmen, um einem jeden, Großen und Kleinen die Vorteile des Friedens genießen zu machen? Und uns verdenkst du's Berlichingen, dass wir uns in ihren Schutz begeben, deren Hülfe uns nah ist, statt dass die entfernte Majestät sich selbst nicht beschützen kann.

GÖTZ. Ja! Ja! Ich versteh! Weislingen, wären die Fürsten wie Ihr sie schildert, wir hätten alle was wir begehren. Ruh und Frieden! Ich glaub's wohl! Den wünscht jeder Raubvogel, die Beute nach Bequemlichkeit zu verzehren. Wohlsein eines jeden! Dass sie sich nur darum graue Haare wachsen ließen. Und mit unserm Kaiser spielen sie auf eine unanständige Art. Er meint's gut, und möcht gern bessern. Da kommt denn alle Tage ein neuer Pfannenflicker, und meint so und so. Und weil der Herr geschwind

3 **Vasallen:** Gefolgsmänner; vgl. Anm. zu 23,3 | 4 **necken:** hier: belästigen | 8 **Hofschranzen:** (abwertend für) Bediensteten am Hof | 13 **schelten:** tadeln | 17 **verheeren:** zerstören | 18 **Erbfeindes:** hier: der Türken | 24 **uns verdenkst du's:** uns nimmst du's übel

was begreift, und nur reden darf um tausend Händ in Bewegung zu setzen, so meint er, es wär auch alles so geschwind und leicht ausgeführt. Nun ergehn Verordnungen über Verordnungen, und wird eine über die andere vergessen, und was den Fürsten in ihren Kram dient, da sind sie hinterher, und gloriieren von Ruh und Sicherheit des Staats, bis sie die Kleinen unterm Fuß haben. Ich will darauf schwören, es dankt mancher in seinem Herzen Gott, dass der Türk dem Kaiser die Waage hält.

WEISLINGEN. Ihr seht's von Eurer Seite.

GÖTZ. Das tut jeder. Es ist die Frage auf welcher Licht und Recht ist, und eure Gänge scheuen wenigstens den Tag.

WEISLINGEN. Ihr dürft reden, ich bin der Gefangne.

GÖTZ. Wenn Euer Gewissen rein ist, so seid Ihr frei. Aber wie war's mit dem Landfrieden? Ich weiß noch als ein Bub von sechzehn Jahren, war ich mit dem Markgraf auf dem Reichstag. Was die Fürsten da für weite Mäuler machten, und die Geistlichen am ärgsten. Euer Bischof lärmte dem Kaiser die Ohren voll, als wenn ihm wunder die Gerechtigkeit ans Herz gewachsen wäre, und jetzt wirft er mir selbst einen Buben nieder, zur Zeit da unsere Händel vertragen sind, ich an nichts Böses denke. Ist nicht alles zwischen uns geschlichtet? Was hat er mit dem Buben?

WEISLINGEN. Es geschah ohne sein Wissen.

GÖTZ. Warum gibt er ihn nicht wieder los?

WEISLINGEN. Er hatte sich nicht aufgeführt wie er sollte.

GÖTZ. Nicht wie er sollte! Bei meinem Eid, er hat getan, wie er sollte, so gewiss er mit Eurer und des Bischofs Kundschaft gefangen ist. Meint Ihr, ich komme erst heut auf die Welt, um nicht zu sehen, wo alles hinaus will?

WEISLINGEN. Ihr seid argwöhnisch und tut uns Unrecht.

GÖTZ. Weislingen, soll ich von der Leber weg reden? Ich bin euch ein Dorn in den Augen, so klein ich bin, und der Sickingen und Selbitz nicht weniger, weil wir fest entschlossen sind zu sterben eh, als die Luft jemanden zu verdanken, außer Gott, und unsere Treu und Dienst zu leisten, als

5 **in ihren Kram dient:** in den Kram passt | 6 **gloriieren:** rühmen, prahlen | 12 **Gänge:** hier für: Schliche | 14 **so seid Ihr frei:** so habt Ihr die Freiheit zu reden | 28 f. **Kundschaft:** Kenntnis, Wissen

dem Kaiser. Da ziehen sie nun um mich herum, verschwärzen mich bei Ihro Majestät und ihren Freunden, und meinen Nachbarn, und spionieren nach Vorteil über mich. Aus dem Weg wollen sie mich haben, wie's wäre. Darum nahmt ihr meinen Buben gefangen, weil ihr wusstet, ich hatte ihn auf Kundschaft ausgeschickt, und darum tat er nicht was er sollte, weil er mich nicht an euch verriet. Und du Weislingen bist ihr Werkzeug!

WEISLINGEN. Berlichingen!

GÖTZ. Kein Wort mehr davon, ich bin ein Feind von Explikationen, man betrügt sich oder den andern, und meist beide.

CARL. Zu Tisch Papa.

GÖTZ. Fröhliche Bottschaft! Kommt, ich hoffe meine Weibsleute sollen Euch munter machen. Ihr wart sonst ein Liebhaber, die Fräuleins wussten von Euch zu erzählen. Kommt! *(Ab.)*

Im bischöflichen Palast zu Bamberg. Der Speisesaal.

Bischof von Bamberg, Abt von Fulda, Olearius beider Rechten Doktor, Liebetraut, Hofleute, an Tafel, der Nachtisch und die große Pokale werden aufgetragen. ↗

BISCHOF. Studieren jetzt viele Deutsche von Adel zu Bologna?

OLEARIUS. Vom Adel- und Bürgerstand. Und ohne Ruhm zu melden, tragen sie das größte Lob davon. Man pflegt im Sprichwort auf der Akademie zu sagen: So fleißig wie ein Deutscher von Adel. Denn indem die Bürgerliche einen rühmlichen Fleiß anwenden, durch Talente den Mangel der Geburt zu ersetzen: so bestreben sich jene, mit rühmlicher Wetteiferung, ihre angeborne Würde, durch die glänzendste Verdienste zu erhöhen.

ABT. Ei!

1 f. **verschwärzen mich:** schwärzen mich an | 2 **Ihro:** veraltet für: Ihrer (bei Anrede oder Erwähnung hochgestellter Personen) | 10 f. **Explikationen:** (weitschweifigen) Erklärungen | 14 **Bottschaft:** Botschaft. Goethe verwendet hier eine unhistorische Form, um historisches Kolorit zu erzeugen. | 26 **melden:** beanspruchen

LIEBETRAUT. Sag' einer! was man nicht erlebt. So fleißig wie ein Deutscher von Adel! das hab ich mein Tage nicht gehört.

OLEARIUS. Ja, sie sind die Bewunderung der ganzen Akademie. Es werden ehestens einige von den Ältsten und Geschicktesten als Doctores zurückkommen. Der Kaiser wird glücklich sein, seine Gerichte damit besetzen zu können.

BISCHOF. Das kann nicht fehlen.

ABT. Kennen Sie nicht zum Exempel einen Junker? – er ist aus Hessen –

OLEARIUS. Es sind viel Hessen da.

ABT. Er heißt – Er ist – Weiß es keiner von euch? – Seine Mutter war eine von – Oh! Sein Vater hatte nur ein Aug – und war Marschall.

LIEBETRAUT. Von Wildenholz.

ABT. Recht – von Wildenholz.

OLEARIUS. Den kenn ich wohl, ein junger Herr von vielen Fähigkeiten. Besonders rühmt man ihn wegen seiner Stärke im Disputieren.

ABT. Das hat er von seiner Mutter.

LIEBETRAUT. Nur wollte sie ihr Mann niemals drum rühmen.

BISCHOF. Wie sagtet Ihr, dass der Kaiser hieß, der euer Corpus Juris geschrieben hat?

OLEARIUS. Justinianus.

BISCHOF. Ein trefflicher Herr! Er soll leben!

OLEARIUS. Sein Andenken!

(Sie trinken.)

ABT. Es mag ein schön Buch sein.

OLEARIUS. Man möcht's wohl ein Buch aller Bücher nennen. Eine Sammlung aller Gesetze, bei jedem Fall der Urteilsspruch bereit, oder was ja noch abgängig oder dunkel wäre, ersetzen die Glossen, womit die gelehrtesten Männer das fürtrefflichste Werk geschmückt haben.

ABT. Eine Sammlung aller Gesetze! potz! Da müssen auch wohl die zehen Gebote drin sein.

OLEARIUS. Implicite wohl, nicht explicite.

8 **fehlen:** falsch sein | 9 **Junker:** junger Herr, Sohn eines Adligen | 19 **im Disputieren:** im Streitgespräch | 22 f. **Corpus Juris:** Gesetzbuch (528–534 n. Chr.) des Kaisers Justinian | 31 **abgängig:** hier für: fehlend | 32 **Glossen:** Kommentare (der Juristen) | 34 **potz!:** Ausruf des Erstaunens | 36 **Implicite … explicite:** Unausgesprochen … ausdrücklich

ABT. Das mein ich auch, an und vor sich, ohne weitere Explikation.

BISCHOF. Und was das Schönste ist, so könnte, wie Ihr sagt, ein Reich in sicherster Ruhe und Frieden leben, wo es völlig eingeführt, und recht gehandhabt würde.

OLEARIUS. Ohne Frage.

BISCHOF. Alle Doctores Juris!

OLEARIUS. Ich werd's zu rühmen wissen. *(Sie trinken.)* Wollte Gott man spräche so in meinem Vaterland.

ABT. Wo seid Ihr her? hochgelahrter Herr.

OLEARIUS. Von Frankfurt am Main. Ihro Eminenz zu dienen.

BISCHOF. Steht ihr Herrn da nicht wohl angeschrieben! Wie kommt das?

OLEARIUS. Sonderbar genug. Ich war da, meines Vaters Erbschaft abzuholen, der Pöbel hätte mich fast gesteinigt, wie er hörte, ich sei ein Jurist.

ABT. Behüte Gott!

OLEARIUS. Daher kommt's. Der Schöppenstuhl, der in großem Ansehen weit umher steht, ist mit lauter Leuten besetzt, die der Römischen Rechte unkundig sind. Es gelangt niemand zur Würde eines Richters, als der durch Alter und Erfahrung eine genaue Kenntnis des innern und äußern Zustandes der Stadt, und eine starke Urteilskraft sich erworben hat, das Vergangene auf das Gegenwärtige anzuwenden. So sind die Schöffen lebendige Archive, Chroniken, Gesetzbücher, alles in Einem, und richten nach altem Herkommen und wenigen Statuten ihre Bürger, und die Nachbarschaft.

ABT. Das ist wohl gut.

OLEARIUS. Aber lange nicht genug. Der Menschen Leben ist kurz, und in Einer Generation kommen nicht alle Casus vor. Eine Sammlung solcher Fälle von vielen Jahrhunderten ist unser Gesetzbuch. Und dann ist der Wille und die Meinung der Menschen schwankend, dem deucht heute das recht, was der andere morgen missbilliget; und so ist Verwirrung und Ungerechtigkeit unvermeidlich. Das alles

7 **Alle Doctores Juris!:** Ausruf wie: Bei allen Göttern! | 11 **Eminenz:** Anrede eines hohen Geistlichen | 12 **Steht … angeschrieben:** Habt ihr Herren (Juristen) dort keinen guten Ruf | 15 **Pöbel:** (abwertend für) einfaches Volk | 34 f. **dem deucht heute das recht:** dem kommt das heute rechtens vor

bestimmen die Gesetze; und die Gesetze sind unveränderlich.

ABT. Das ist freilich besser.

OLEARIUS. Das erkennt der Pöbel nicht, der, so gierig er auf Neuigkeiten ist, das Neue höchst verabscheuet, das ihn aus seinem Gleise leiten will, und wenn er sich noch so sehr dadurch verbessert. Sie halten den Juristen so arg als einen Verwirrer des Staats, einen Beutelschneider, und sind wie rasend, dass sich dort keine anbauen.

LIEBETRAUT. Ihr seid von Frankfurt! Ich bin wohl da bekannt. Bei Kaiser Maximilians Krönung haben wir euren Bräutigams was vorgeschmaust. Euer Name ist Olearius? Ich kenne so niemanden.

OLEARIUS. Mein Vater hieß Öhlmann. Nur den Missstand auf dem Titel meiner lateinischen Schriften zu vermeiden, nennt ich mich, nach dem Beispiel und auf Anraten würdiger Rechtslehrer, Olearius.

LIEBETRAUT. Ihr tatet wohl, dass Ihr Euch übersetztet. Ein Prophet gilt nichts in seinem Vaterlande, es hätt Euch in Eurer Muttersprach auch so gehen können.

OLEARIUS. Es war nicht darum.

LIEBETRAUT. Alle Dinge haben ein paar Ursachen.

ABT. Ein Prophet gilt nichts in seinem Vaterland.

LIEBETRAUT. Wisst Ihr auch warum, Hochwürdiger Herr?

ABT. Weil er da geboren und erzogen ist.

LIEBETRAUT. Wohl! Das mag die Eine Ursache sein. Die andere ist: Weil bei einer näheren Bekanntschaft mit denen Herrn, der Nimbus von Ehrwürdigkeit und Heiligkeit wegschwindet, den uns eine neblichte Ferne um sie herum lügt, und dann sind sie ganz kleine Stümpfchen Unschlitt.

OLEARIUS. Es scheint Ihr seid dazu bestellt Wahrheiten zu sagen.

LIEBETRAUT. Weil ich 's Herz dazu hab, so fehlt mir's nicht am Maul.

OLEARIUS. Aber doch an Geschicklichkeit sie wohl anzubringen.

8 **Beutelschneider:** (Taschen-)Dieb | 9 **anbauen:** niederlassen | 12 **Bräutigams:** hier wohl für: vornehm angezogene Festgäste | 28 **Nimbus:** Ansehen, Heiligenschein | 30 **Unschlitt:** Talg: tierisches Körperfett, das als Brennmaterial verwendet wurde | 35 **Geschicklichkeit:** Begabung, Anstand

LIEBETRAUT. Schröpfköpfe sind wohl angebracht, wo sie ziehen.

OLEARIUS. Bader erkennt man an der Schürze, und nimmt in ihrem Amt ihnen nichts übel. Zur Vorsorge tätet Ihr wohl, wenn Ihr eine Schellenkappe trügt.

LIEBETRAUT. Wo habt Ihr promoviert? Es ist nur zur Nachfrage, wenn mir einmal der Einfall käme, dass ich gleich vor die rechte Schmiede ginge.

OLEARIUS. Ihr seid verwegen.

LIEBETRAUT. Und Ihr sehr breit.

(Bischof und Abt lachen.)

BISCHOF. Von was anders – Nicht so hitzig ihr Herrn. Bei Tisch geht alles drein. – Einen andern Discours Liebetraut.

LIEBETRAUT. Gegen Frankfurt liegt ein Ding über, heißt Sachsenhausen –

OLEARIUS *(zum Bischof)*. Was spricht man vom Türkenzug, Ihro Bischöfliche Gnaden?

BISCHOF. Der Kaiser hat nichts Angelegners, als vorerst das Reich zu beruhigen, die Fehden abzuschaffen, und das Ansehn der Gerichte zu befestigen. Dann, sagt man, wird er persönlich gegen die Feinde des Reichs und der Christenheit ziehen. Jetzt machen ihm seine Privathändel noch zu tun, und das Reich ist, trotz ein vierzig Landfriedens, noch immer eine Mördergrube. Franken, Schwaben, der Oberrhein und die angrenzende Länder, werden von übermütigen und kühnen Rittern verheeret: Sickingen, Selbitz mit dem einen Fuß, Berlichingen mit der eisernen Hand, spotten in diesen Gegenden des kaiserlichen Ansehens –

ABT. Ja, wenn Ihro Majestät nicht bald darzu tun; so stecken einen die Kerl am End in Sack.

LIEBETRAUT. Das müsst ein Kerl sein, der das Weinfass von Fuld in den Sack schieben wollte.

BISCHOF. Besonders ist dieser Letztere seit vielen Jahren mein unversöhnlicher Feind, und molestiert mich unsäglich, aber es soll nicht lang mehr währen, hoff ich. Der

3 **Bader:** Wundärzte | 5 **Schellenkappe:** Narrenkappe | 8 **vor die rechte Schmiede ginge:** Redensart für: an den richtigen Ort ginge | 13 **Discours:** Wortwechsel, Gesprächsthema | 18 **Angelegners:** Dringlicheres, Wichtigeres | 33 **Fuld:** Fulda (Stadt und Fluss in Hessen) | 35 **molestiert mich:** belästigt, stört mich in meinen Rechten

Kaiser hält jetzt seinen Hof zu Augsburg. Wir haben unsere Maßregeln genommen, es kann uns nicht fehlen. – Herr Doktor, kennt Ihr Adelberten von Weislingen?

OLEARIUS. Nein, Ihro Eminenz.

BISCHOF. Wenn Ihr die Ankunft dieses Manns erwartet, werdet Ihr Euch freuen, den edelsten, verständigsten und angenehmsten Ritter in einer Person zu sehen.

OLEARIUS. Es muss ein fürtrefflicher Mann sein, der solche Lobeserhebungen aus solch einem Munde verdient.

LIEBETRAUT. Er ist auf keiner Akademie gewesen.

BISCHOF. Das wissen wir. *(Die Bedienten laufen ans Fenster.)* Was gibt's?

EIN BEDIENTER. Eben reit Färber Weislingens Knecht zum Schlosstor herein.

BISCHOF. Seht was er bringt, er wird ihn melden.

(Liebetraut geht. Sie stehn auf und trinken noch eins. – Liebetraut kommt zurück.)

BISCHOF. Was vor Nachrichten?

LIEBETRAUT. Ich wollt' es müsst sie Euch ein andrer sagen. Weislingen ist gefangen.

BISCHOF. O!

LIEBETRAUT. Berlichingen hat ihn und drei Knechte bei Haslach weggenommen. Einer ist entronnen Euch's anzusagen.

ABT. Eine Hiobspost!

OLEARIUS. Es tut mir von Herzen leid.

BISCHOF. Ich will den Knecht sehn, bringt ihn herauf – Ich will ihn selbst sprechen. Bringt ihn in mein Kabinett. *(Ab.)*

ABT *(setzt sich)*. Noch einen Schluck.

(Die Knechte schenken ein.)

OLEARIUS. Belieben Ihro Hochwürden nicht eine kleine Promenade in den Garten zu machen? *Post coenam stabis seu passus mille meabis.*

LIEBETRAUT. Wahrhaftig, das Sitzen ist Ihnen nicht gesund. Sie kriegen noch ein Schlagfluss.

(Abt hebt sich auf.)

25 **Hiobspost:** Hiobsbotschaft: sprichwörtliche »schlechte Nachricht« der biblischen Geschichte (Buch Hiob) | 28 **Kabinett:** Hinter-, Arbeitszimmer | 31 f. **Promenade:** Spaziergang | 35 **Schlagfluss:** Schlaganfall

LIEBETRAUT *(vor sich)*. Wann ich ihn nur draußen hab, will ich ihm vors Exercitium sorgen.
(Gehn ab.)

Jagsthausen.

Maria. Weislingen.

MARIA. Ihr liebt mich, sagt Ihr. Ich glaub es gerne, und hoffe mit Euch glücklich zu sein, und Euch glücklich zu machen.
WEISLINGEN. Ich fühle nichts, als nur dass ich ganz dein bin. *(Er umarmt sie.)*
MARIA. Ich bitte Euch lasst mich. Einen Kuss hab ich Euch zum Gott'spfenning erlaubt, Ihr scheinet aber schon von dem Besitz nehmen zu wollen, was nur unter Bedingungen Euer ist.
WEISLINGEN. Ihr seid zu streng Maria! Unschuldige Liebe erfreut die Gottheit, statt sie zu beleidigen.
MARIA. Es sei! Aber ich bin nicht dadurch erbaut. Man lehrte mich: Liebkosungen seien wie Ketten stark durch ihre Verwandtschaft, und Mädchen, wenn sie liebten, seien schwächer als Simson nach dem Verlust seiner Locken.
WEISLINGEN. Wer lehrte Euch das?
MARIA. Die Abtissin meines Klosters. Bis in mein sechzehnt Jahr war ich bei ihr, und nur mit Euch empfind ich das Glück das ich in ihrem Umgang genoss. Sie hatte geliebt, und durfte reden. Sie hatte ein Herz voll Empfindung! Sie war eine fürtreffliche Frau.
WEISLINGEN. Da glich sie dir! *(Er nimmt ihre Hand.)* Wie wird mir's werden, wenn ich Euch verlassen soll!
MARIA *(zieht ihre Hand zurück)*. Ein bisschen eng hoff ich, denn ich weiß wie's mir sein wird. Aber Ihr sollt fort.
WEISLINGEN. Ja, meine Teuerste und ich will. Denn ich fühle, welche Seligkeiten ich mir durch dieses Opfer erwerbe. Gesegnet sei dein Bruder, und der Tag an dem er auszog mich zu fangen.

2 **Exercitium:** geistige, meist religiöse Übung | 12 **Gott'spfenning:** Gottespfennig: Pfandgeld zum Vertragsabschluss | 20 **Simson … Locken:** biblische Geschichte (Buch der Richter), nach der die Philisterin Delilah den als unbesiegbar geltenden Simson seinen Feinden auslieferte

MARIA. Sein Herz war voll Hoffnung für ihn und dich. Lebt wohl, sagt' er beim Abschied, ich will sehen dass ich ihn wiederfinde.

WEISLINGEN. Er hat's. Wie wünscht' ich die Verwaltung meiner Güter und ihre Sicherheit, nicht durch das leidige Hofleben so versäumt zu haben. Du könntest gleich die Meinige sein.

MARIA. Auch der Aufschub hat seine Freuden.

WEISLINGEN. Sage das nicht Maria, ich muss sonst fürchten du empfindest weniger stark als ich. Doch ich büße verdient, und schwindet nicht alle Entsagung gegen den Himmel voll Aussichten? Ganz der Deine zu sein, nur in Dir und dem Kreis von Guten zu leben, von der Welt entfernt, getrennt, alle Wonne zu genießen die so zwei Herzen einander gewähren; was ist die Gnade des Fürsten, was der Beifall der Welt gegen diese einfache einzige Glückseligkeit. Ich habe viel gehofft und gewünscht, das widerfährt mir über alles Hoffen und Wünschen.

Götz kommt.

GÖTZ. Euer Knab ist wieder da. Er konnte vor Müdigkeit und Hunger kaum etwas vorbringen. Meine Frau gibt ihm zu essen. So viel hab ich verstanden, der Bischof will den Knaben nicht herausgeben, es sollen kaiserliche Kommissarien ernannt, und ein Tag ausgesetzt werden, wo die Sache denn verglichen werden mag. Dem sei wie ihm wolle, Adelbert, Ihr seid frei, ich verlange weiter nichts als Eure Hand, dass Ihr inskünftige meinen Feinden weder öffentlich noch heimlich Vorschub tun wollt.

WEISLINGEN. Hier fass ich Eure Hand. Lasst von diesem Augenblick an Freundschaft und Vertrauen gleich einem ewigen Gesetz der Natur unveränderlich unter uns sein. Erlaubt mir zugleich, diese Hand zu fassen. *(Er nimmt Mariens Hand.)* Und den Besitz des edelsten Fräuleins.

GÖTZ. Darf ich ja für Euch sagen?

11 **Entsagung:** Entbehrung | 14 **Wonne:** Glück, (sinnliche) Freude | 23 f. **Kommissarien:** Beauftragte, Amtsträger | 24 **Tag:** hier: Gerichtstag

MARIA. Bestimmt meine Antwort nach dem Werte seiner Verbindung mit Euch.

GÖTZ. Es ist ein Glück, dass unsere Vorteile diesmal miteinander gehn. Du brauchst nicht rot zu werden. Deine Blicke sind Beweis genug. Ja denn Weislingen! Gebt euch die Hände, und so sprech ich Amen! Mein Freund und Bruder! Ich danke dir Schwester! Du kannst mehr als Hanf spinnen. Du hast einen Faden gedreht diesen Paradiesvogel zu fesseln. Du siehst nicht ganz frei! Was fehlt dir? Ich – bin ganz glücklich; was ich nur träumend hoffte, seh ich, und bin wie träumend. Ach! nun ist mein Traum aus. Mir war's heute Nacht, ich gäb dir meine rechte eiserne Hand, und du hieltest mich so fest, dass sie aus den Armschienen ging wie abgebrochen. Ich erschrak und wachte drüber auf. Ich hätte nur fortträumen sollen, da würd ich gesehen haben, wie du mir eine neue lebendige Hand ansetztest. – Du sollt mir jetzo fort, dein Schloss und deine Güter in vollkommenen Stand zu setzen. Der verdammte Hof hat dich beides versäumen machen. Ich muss meiner Frau rufen. Elisabeth!

MARIA. Mein Bruder ist in voller Freude.

WEISLINGEN. Und doch darf ich ihm den Rang streitig machen.

GÖTZ. Du wirst anmutig wohnen.

MARIA. Franken ist ein gesegnetes Land.

WEISLINGEN. Und ich darf wohl sagen, mein Schloss liegt in der gesegnetsten und anmutigsten Gegend.

GÖTZ. Das dürft Ihr, und ich will's behaupten. Hier fließt der Main, und allmählich hebt der Berg an, der mit Äckern und Weinbergen bekleidet von Eurem Schloss gekrönt wird, dann biegt sich der Fluss schnell um die Ecke hinter dem Felsen Eures Schlosses hin. Die Fenster des großen Saals gehen steil herab aufs Wasser, eine Aussicht viel Stunden weit.

7 **Hanf:** Nutzpflanze, u. a. zur Herstellung von Textilien | 8 f. **Paradiesvogel:** exotische Vogelart mit prächtigem Gefieder | 17 **jetzo:** jetzt | 28 **behaupten:** hier für: verteidigen

Elisabeth kommt.

ELISABETH. Was schafft ihr?

GÖTZ. Du sollst deine Hand auch darzu geben, und sagen: Gott segne euch. Sie sind ein Paar.

ELISABETH. So geschwind!

GÖTZ. Aber nicht unvermutet.

ELISABETH. Möget Ihr Euch so immer nach ihr sehnen, als bisher da Ihr um sie warbt. Und dann! Möchtet Ihr so glücklich sein, als Ihr sie lieb behaltet.

WEISLINGEN. Amen! Ich begehre kein Glück, als unter diesem Titel.

GÖTZ. Der Bräutigam, meine liebe Frau, tut eine kleine Reise, denn die große Veränderung zieht viel geringe nach sich. Er entfernt sich zuerst vom bischöflichen Hof, um diese Freundschaft nach und nach erkalten zu lassen. Dann reißt er seine Güter eigennützigen Pachtern aus den Händen. Und – kommt Schwester, komm Elisabeth! Wir wollen ihn allein lassen. Sein Knab hat ohne Zweifel geheime Aufträge an ihn.

WEISLINGEN. Nichts als was ihr wissen dürft.

GÖTZ. Braucht's nicht. Franken und Schwaben! Ihr seid nun verschwisterter als jemals. Wie wollen wir denen Fürsten den Daumen auf dem Aug halten.
(Die drei gehn.)

WEISLINGEN. Gott im Himmel! konntest du mir Unwürdigen solch eine Seligkeit bereiten. Es ist zu viel für mein Herz. Wie ich von den elenden Menschen abhing die ich zu beherrschen glaubte, von den Blicken des Fürsten, von dem ehrerbietigen Beifall umher. Götz teurer Götz hast mich mir selbst wiedergegeben, und Maria du vollendest meine Sinnesänderung. Ich fühle mich so frei wie in heiterer Luft. Bamberg will ich nicht mehr sehen, will alle die schändliche Verbindungen durchschneiden, die mich unter mir selbst hielten. Mein Herz erweitert sich, hier ist kein beschwerliches Streben nach versagter Größe. So ge-

16 **Pachtern:** Pächtern | 22 f. **Wie wollen wir denen Fürsten den Daumen auf dem Aug halten:** Wie wollen wir die Fürsten völlig gefügig machen | 35 **versagter:** verweigerter

wiss ist der allein glücklich und groß, der weder zu herrschen noch zu gehorchen braucht um etwas zu sein.

Franz tritt auf.

FRANZ. Gott grüß' Euch gestrenger Herr! Ich bring Euch so viel Grüße, dass ich nicht weiß wo anzufangen. Bamberg, und zehn Meilen in die Runde entbieten Euch ein tausendfaches: Gott grüß' Euch.

WEISLINGEN. Willkommen Franz! Was bringst du mehr?

FRANZ. Ihr steht in einem Andenken bei Hof und überall, dass nicht zu sagen ist.

WEISLINGEN. Das wird nicht lang dauren.

FRANZ. So lang Ihr lebt! und nach Eurem Tod wird's heller blinken, als die messingene Buchstaben auf einem Grabstein. Wie man sich Euern Unfall zu Herzen nahm!

WEISLINGEN. Was sagte der Bischof?

FRANZ. Er war so begierig zu wissen, dass er mit der geschäftigsten Geschwindigkeit von Fragen meine Antwort verhinderte. Er wusst es zwar schon, denn Färber, der von Haslach entrann, brachte ihm die Bottschaft. Aber er wollte alles wissen. Er fragte so ängstlich, ob Ihr nicht versehrt wäret? Ich sagte: er ist ganz, von der äußersten Haarspitze bis zum Nagel des kleinen Zehs.

WEISLINGEN. Was sagte er zu den Vorschlägen?

FRANZ. Er wollte gleich alles herausgeben, den Knaben und noch Geld darauf, nur Euch zu befreien. Da er aber hörte, Ihr solltet ohne das loskommen, und nur Euer Wort das Äquivalent gegen den Buben sein; da wollte er absolut den Berlichingen vertagt haben. Er sagte mir hundert Sachen an Euch, ich hab sie vergessen. Es war eine lange Predigt über die Worte: Ich kann Weisling nicht entbehren.

WEISLINGEN. Er wird's lernen müssen!

FRANZ. Wie meint Ihr? Er sagte: mach ihn eilen, es wartet alles auf ihn.

WEISLINGEN. Es kann warten. Ich gehe nicht an Hof.

FRANZ. Nicht an Hof? Herr! Wie kommt Euch das? Wenn

20 **versehrt:** verwundet | 27 **Äquivalent:** Gegenwert, gleichwertiger Ersatz | 28 **vertagt:** auf einen Gerichtstag geladen

Ihr wüsstet was ich weiß. Wenn Ihr nur träumen könntet, was ich gesehen habe.

WEISLINGEN. Wie wird dir's?

FRANZ. Nur von der bloßen Erinnerung komm ich außer mir. Bamberg ist nicht mehr Bamberg, ein Engel in Weibergestalt macht es zum Vorhof des Himmels.

WEISLINGEN. Nichts weiter?

FRANZ. Ich will ein Pfaff werden, wenn Ihr sie seht, und nicht außer Euch kommt.

WEISLINGEN. Wer ist's denn?

FRANZ. Adelheid von Walldorf.

WEISLINGEN. Die! Ich hab viel von ihrer Schönheit gehört.

FRANZ. Gehört? Das ist eben als wenn Ihr sagtet, ich hab die Musik gesehen. Es ist der Zunge so wenig möglich eine Linie ihrer Vollkommenheiten auszudrucken, da das Aug so gar in ihrer Gegenwart sich nicht selbst genug ist.

WEISLINGEN. Du bist nicht gescheit.

FRANZ. Das kann wohl sein. Das letzte Mal dass ich sie sahe, hatte ich nicht mehr Sinne als ein Trunkener. Oder vielmehr, kann ich sagen, ich fühlte in dem Augenblick, wie's den Heiligen bei himmlischen Erscheinungen sein mag. Alle Sinne stärker, höher, vollkommener, und doch den Gebrauch von keinem.

WEISLINGEN. Das ist seltsam.

FRANZ. Wie ich von dem Bischof Abschied nahm, saß sie bei ihm. Sie spielten Schach. Er war sehr gnädig, reichte mir seine Hand zu küssen und sagte mir viel vieles, davon ich nichts vernahm. Denn ich sah seine Nachbarin, sie hatte ihr Auge aufs Brett geheftet, als wenn sie einem großen Streich nachsänne. Ein feiner laurender Zug um Mund und Wange! Ich hätte der elfenbeinerne König sein mögen. Adel und Freundlichkeit herrschten auf ihrer Stirne. Und das blendende Licht des Angesichts und des Busens wie es von den finstern Haaren erhoben ward!

WEISLINGEN. Du bist gar drüber zum Dichter geworden.

FRANZ. So fühl ich denn in dem Augenblick, was den Dichter

8 Pfaff: (abwertend für) Priester, Geistlicher | **34 erhoben:** hier für: hervorgehoben

macht, ein volles, ganz von einer Empfindung volles Herz. Wie der Bischof endigte und ich mich neigte, sah sie mich an, und sagte: auch von mir einen Gruß unbekannterweis! Sag ihm, er mag ja bald kommen. Es warten neue Freunde auf ihn, er soll sie nicht verachten wenn er schon an alten so reich ist. – Ich wollte was antworten, aber der Pass vom Herzen nach der Zunge war versperrt, ich neigte mich. Ich hätte mein Vermögen gegeben die Spitze ihres kleinen Fingers küssen zu dürfen! Wie ich so stund wurf der Bischof einen Bauren herunter, ich fuhr darnach und berührte im Aufheben den Saum ihres Kleides, das fuhr mir durch alle Glieder und ich weiß nicht wie ich zur Türe hinausgekommen bin.

WEISLINGEN. Ist ihr Mann bei Hofe?

FRANZ. Sie ist schon vier Monat Witwe. Um sich zu zerstreuen hält sie sich in Bamberg auf. Ihr werdet sie sehen. Wenn sie einen ansieht, ist's als wenn man in der Frühlingssonne stünde.

WEISLINGEN. Es würde eine schwächere Würkung auf mich machen.

FRANZ. Ich höre, Ihr seid so gut als verheiratet.

WEISLINGEN. Wollte ich wär's. Meine sanfte Marie wird das Glück meines Lebens machen. Ihre süße Seele bildet sich in ihren blauen Augen. Und weiß wie ein Engel des Himmels, gebildet aus Unschuld und Liebe, leitet sie mein Herz zur Ruhe und Glückseligkeit. Pack zusammen! Und dann auf mein Schloss! Ich will Bamberg nicht sehen, und wenn Sankt Veit in Person meiner begehrte. *(Geht ab.)*

FRANZ. Da sei Gott für, wollen das Beste hoffen. Maria ist liebreich und schön, und einem Gefangenen und Kranken kann ich nicht übel nehmen der sich in sie verliebt. In ihren Augen ist Trost, gesellschaftliche Melancholie. – Aber um dich Adelheid ist Leben, Feuer, Mut – Ich würde! – Ich bin ein Narr – dazu machte mich Ein Blick von ihr. Mein Herr muss hin! Ich muss hin! Und da will ich mich wieder gescheit oder völlig rasend gaffen.

2 **neigte:** verneigte | 10 **ich fuhr darnach:** ich griff hastig danach | 28 **Sankt Veit:** Märtyrer (3. Jh. n. Chr.) | 32 **Melancholie:** Schwermut, Grübelei

Zweiter Akt

Bamberg. Ein Saal.

Bischof, Adelheid spielen Schach. Liebetraut mit einer Zither. Hofdamen, Hofleute um ihn herum am Kamin.

LIEBETRAUT *(spielt und singt).*

Mit Pfeilen und Bogen
Cupido geflogen
Mit Fackel im Brand,
Wollt mutilich kriegen
Und männilich siegen
Mit stürmender Hand.
    Auf! Auf!
    An! An!
Die Waffen erklirrten
Die Flügelein schwirrten
Die Augen entbrannt.

Da fand er die Busen
Ach leider so bloß,
Sie nahmen so willig
Ihn all auf den Schoß.
Er schüttet' die Pfeile
Zum Feuer hinein,
Sie herzten und drückten
Und wiegten ihn ein.
    Hei ei o! Popeio!

ADELHEID. Ihr seid nicht bei Eurem Spiel. Schach dem König!

BISCHOF. Es ist noch Auskunft.

ADELHEID. Lang werdet Ihr's nicht mehr treiben. Schach dem König!

LIEBETRAUT. Das Spiel spielt' ich nicht wenn ich ein großer Herr wär, und verböt's am Hof und im ganzen Land.

3 **Zither:** Saiteninstrument | 7 **Cupido:** (lat.) Begierde; römischer Liebesgott | 9 **mutilich:** mutig | 10 **männilich:** männlich | 24 **wiegten ihn ein:** wiegten ihn in den Schlaf | 25 **Hei ei o! Popeio!:** Kinderreim ohne Bedeutung | 28 **Auskunft:** hier für: Ausweg, Herauskommen

ADELHEID. Es ist wahr, das Spiel ist ein Probierstein des Gehirns.

LIEBETRAUT. Es ist nicht darum. Ich wollte lieber das Geheul der Totenglocke und ominöser Vögel, lieber das Gebell des knurrischen Hofhunds Gewissen, lieber wollt' ich sie durch den tiefsten Schlaf hören, als von Läufern, Springern, und andern Bestien das ewige: Schach dem König!

BISCHOF. Wem wird auch das einfallen!

LIEBETRAUT. Einem zum Exempel, der schwach wäre und ein stark Gewissen hätte, wie denn das meistenteils beisammen ist. Sie nennen's ein königlich Spiel, und sagen, es sei für einen König erfunden worden, der den Erfinder mit einem Meer von Überfluss belohnte. Wenn's wahr ist, so ist mir's als wenn ich ihn sähe. Er war minorenn an Verstand oder an Jahren, unter der Vormundschaft seiner Mutter oder seiner Frau, hatte Milchhaare im Bart und Flachshaare um die Schläfe, er war so gefällig wie ein Weidenschössling, und spielte gern mit den Damen und auf der Dame, nicht aus Leidenschaft, behüte Gott, nur zum Zeitvertreib. Sein Hofmeister zu tätig ein Gelehrter, zu unlenksam ein Weltmann zu sein, erfand das Spiel in usum Delphini, das so homogen mit seiner Majestät war – und so ferner.

ADELHEID. Schach dem König, und nun ist's aus! Ihr solltet die Lücken unsrer Geschichtsbücher ausfüllen Liebetraut.

LIEBETRAUT. Die Lücken unsrer Geschlechtsregister, das wäre profitabler. Seitdem die Verdienste unserer Vorfahren mit ihren Porträts zu einerlei Gebrauch dienen, die leeren Seiten nämlich unsrer Zimmer und unsres Charakters zu tapezieren; da wäre was zu verdienen.

BISCHOF. Er will nicht kommen, sagtet Ihr!

ADELHEID. Ich bitt Euch schlagt's Euch aus dem Sinn.

BISCHOF. Was das sein mag?

LIEBETRAUT. Was? Die Ursachen lassen sich herunterbeten wie ein Rosenkranz. Er ist in eine Art von Zerknirschung gefallen, von der ich ihn leicht kurieren wollt'.

BISCHOF. Tut das, reitet zu ihm.

14 **minorenn:** minder | 16 **Milchhaare:** erste feine Barthaare | 16 f. **Flachshaare:** hellblonde, dünne Haare | 17 f. **Weidenschössling:** junger Trieb einer Weide | 20 **unlenksam:** eigensinnig | 22 **homogen:** gleich beschaffen | 34 **Rosenkranz:** Zähl- oder Gebetskette

LIEBETRAUT. Meine Kommission!

BISCHOF. Sie soll unumschränkt sein. Spare nichts wenn du ihn zurückbringst.

LIEBETRAUT. Darf ich Euch auch hineinmischen, gnädige Frau?

ADELHEID. Mit Bescheidenheit.

LIEBETRAUT. Das ist eine weitläufige Kommission.

ADELHEID. Kennt Ihr mich so wenig, oder seid Ihr so jung, um nicht zu wissen in welchem Ton Ihr mit Weislingen von mir zu reden habt?

LIEBETRAUT. Im Ton einer Wachtelpfeife, denk ich.

ADELHEID. Ihr werdet nie gescheit werden!

LIEBETRAUT. Wird man das, gnädige Frau?

BISCHOF. Geht, geht. Nehmt das beste Pferd aus meinem Stall, wählt Euch Knechte, und schafft mir ihn her.

LIEBETRAUT. Wenn ich ihn nicht herbanne, so sagt: ein altes Weib das Warzen und Sommerflecken vertreibt, verstehe mehr von der Sympathie als ich.

BISCHOF. Was wird das helfen! Der Berlichingen hat ihn ganz eingenommen. Wenn er herkommt wird er wieder fortwollen.

LIEBETRAUT. Wollen, das ist keine Frage, aber ob er kann. Der Händedruck eines Fürsten, und das Lächeln einer schönen Frau! Da reißt sich kein Weisling los. Ich eile und empfehle mich zu Genaden.

BISCHOF. Reist wohl.

ADELHEID. Adieu.

(Er geht.)

BISCHOF. Wenn er einmal hier ist, verlass ich mich auf Euch.

ADELHEID. Wollt Ihr mich zur Leimstange brauchen?

BISCHOF. Nicht doch.

ADELHEID. Zum Lockvogel denn.

BISCHOF. Nein, den spielt Liebetraut. Ich bitt euch versagt mir nicht, was mir sonst niemand gewähren kann.

ADELHEID. Wollen sehn.

1 **Kommission:** im Sinne von: Auftrag, Entsendung | 11 **Wachtelpfeife:** Pfeife, die den Lockruf der Wachteln nachahmt | 16 **herbanne:** durch Zauber herbeischaffe und festhalte | 17 **Sommerflecken:** Sommersprossen | 25 **empfehle mich zu Genaden:** verabschiede mich in aller Form | 30 **Leimstange:** Vorrichtung zum Fangen von Vögeln

Jagsthausen.

Hans von Selbitz. Götz.

SELBITZ. Jedermann wird Euch loben, dass Ihr denen von Nürnberg Fehd angekündigt habt.

GÖTZ. Es hätte mir das Herz abgefressen, wenn ich's ihnen hätte lang schuldig bleiben sollen. Es ist am Tag, sie haben den Bambergern meinen Buben verraten. Sie sollen an mich denken!

SELBITZ. Sie haben einen alten Groll gegen Euch.

GÖTZ. Und ich wider sie, mir ist gar recht dass sie angefangen haben.

SELBITZ. Die Reichsstädte und Pfaffen halten doch von jeher zusammen.

GÖTZ. Sie haben's Ursach.

SELBITZ. Wir wollen ihnen die Höll heiß machen.

GÖTZ. Ich zählte auf Euch. Wollte Gott der Burgemeister von Nürnberg mit der guldenen Kett um den Hals, käm uns in Wurf, er sollt' sich mit all seinem Witz verwundern.

SELBITZ. Ich höre, Weislingen ist wieder auf Eurer Seit. Tritt er zu uns?

GÖTZ. Noch nicht, es hat seine Ursachen warum er uns noch nicht öffentlich Vorschub tun darf; doch ist's eine Weile genug dass er nicht wider uns ist. Der Pfaff ist ohne ihn, was das Messgewand ohne den Pfaffen.

SELBITZ. Wann ziehen wir aus?

GÖTZ. Morgen oder übermorgen. Es kommen nun bald Kaufleute von Bamberg und Nürnberg aus der Frankfurter Messe. Wir werden einen guten Fang tun.

SELBITZ. Will's Gott. *(Ab.)*

16 **Burgemeister:** Bürgermeister | 17 **guldenen:** goldenen | 17 f. **käm uns in Wurf:** käme in unsere Reichweite | 18 **Witz:** Verstand, Scharfsinn | 22 **Vorschub tun:** begünstigen, bestärken | 23 **wider:** gegen

Bamberg. Zimmer der Adelheid.

Adelheid. Kammerfräulein.

ADELHEID. Er ist da! sagst du. Ich glaub's kaum.

FRÄULEIN. Wenn ich ihn nicht selbst gesehn hätte, würd ich sagen: ich zweifle.

ADELHEID. Den Liebetraut mag der Bischof in Gold einfassen, er hat ein Meisterstück gemacht.

FRÄULEIN. Ich sah ihn wie er zum Schloss hereinreiten wollte, er saß auf einem Schimmel. Das Pferd scheute wie's an die Brücke kam, und wollte nicht von der Stelle. Das Volk war aus allen Straßen gelaufen ihn zu sehn. Sie freuten sich über des Pferds Unart. Von allen Seiten ward er gegrüßt, und er dankte allen. Mit einer angenehmen Gleichgültigkeit saß er droben, und mit Schmeichlen und Drohen bracht er es endlich zum Tor herein, der Liebetraut mit, und wenig Knechte.

ADELHEID. Wie gefällt er dir?

FRÄULEIN. Als mir nicht leicht ein Mann gefallen hat. Er glich dem Kaiser hier *(deutet auf Maximilians Porträt)* als wenn er sein Sohn wäre. Die Nase nur etwas kleiner, ebenso freundliche lichtbraune Augen, ebenso ein blondes schönes Haar, und gewachsen wie eine Puppe. Ein halb trauriger Zug auf seinem Gesicht war so interessant.

ADELHEID. Ich bin neugierig ihn zu sehen.

FRÄULEIN. Das wär ein Herr für Euch.

ADELHEID. Närrin.

FRÄULEIN. Kinder und Narren –

Liebetraut kommt.

LIEBETRAUT. Nun gnädige Frau, was verdien ich?

ADELHEID. Hörner von deinem Weibe. Denn nach dem zu rechnen, habt Ihr schon manches Nachbars ehrliches Hausweib aus ihrer Pflicht hinausgeschwatzt.

LIEBETRAUT. Nicht doch gnädige Frau! Auf ihre Pflicht wol-

30 **Hörner von deinem Weibe:** nach der Redensart: Hörner aufsetzen, fremdgehen, ehebrechen

len Sie sagen; denn wenn's ja geschah, schwätzt ich sie auf ihres Mannes Bette.

ADELHEID. Wie habt Ihr's gemacht ihn herzubringen?

LIEBETRAUT. Ihr wisst zu gut wie man Schnepfen fängt; soll ich Euch meine Kunststückchen noch darzu lernen? – Erst tat ich, als wüsst ich nichts, verstünd nichts von seiner Aufführung, und setzt ihn dadurch in Desavantage die ganze Historie zu erzählen. Die sah ich nun gleich von einer ganz andern Seite an als er, konnte nicht finden – nicht einsehen – Und so weiter. Dann redete ich von Bamberg und ging sehr ins Detail, erweckte gewisse alte Ideen, und wie ich seine Einbildungskraft beschäftigt hatte, knüpfte ich würklich eine Menge Fädger wieder an, die ich zerrissen fand. Er wusste nicht wie ihm geschah, er fühlte sich einen neuen Zug nach Bamberg, er wollte – ohne zu wollen. Wie er nun in sein Herz ging, und das zu entwickeln suchte, und viel zu sehr mit sich beschäftigt war um auf sich Acht zu geben, warf ich ihm ein Seil um den Hals, aus drei mächtigen Stricken, Weiber- Fürstengunst und Schmeichelei gedreht, und so hab ich ihn hergeschleppt.

ADELHEID. Was sagtet Ihr von mir?

LIEBETRAUT. Die lautre Wahrheit. Ihr hättet wegen Eurer Güter Verdrüsslichkeiten, hättet gehofft da er beim Kaiser so viel gelte, werde er das leicht enden können.

ADELHEID. Wohl.

LIEBETRAUT. Der Bischof wird ihn Euch bringen.

ADELHEID. Ich erwarte sie.

(Liebetraut ab.)

ADELHEID. Mit einem Herzen wie ich selten Besuch erwarte.

Im Spessart.

Berlichingen. Selbitz. Georg als Reutersknecht.

GÖTZ. Du hast ihn nicht angetroffen Georg!

GEORG. Er war tags vorher mit Liebetraut nach Bamberg geritten, und zwei Knechte mit.

4 **Schnepfen:** in Feuchtgebieten lebende Vögel mit langem Schnabel; sie galten als wohlschmeckend und schwer zu fangen | 7 **Desavantage:** (frz.) Nachteil | 13 **Fädger:** Fäden | 23 **Verdrüsslichkeiten:** Ärger, Unannehmlichkeiten

GÖTZ. Ich seh nicht ein was das geben soll.

SELBITZ. Ich wohl. Eure Versöhnung war ein wenig zu schnell, als dass sie dauerhaft hätte sein sollen. Der Liebetraut ist ein pfiffiger Kerl, von dem hat er sich beschwätzen lassen.

GÖTZ. Glaubst du dass er bundbrüchig werden wird?

SELBITZ. Der erste Schritt ist getan.

GÖTZ. Ich glaub's nicht. Wer weiß wie nötig es war an Hof zu gehen, man ist ihm noch schuldig, wir wollen das Beste hoffen.

SELBITZ. Wollte Gott, er verdient' es, und täte das Beste.

GÖTZ. Mir fällt eine List ein, wir wollen Georgen des Bamberger Reuters erbeuteten Küttel anziehen, und ihm das Geleitzeichen geben, er mag nach Bamberg reiten, und sehen wie's steht.

GEORG. Da hab ich lang drauf gehofft.

GÖTZ. Es ist dein erster Ritt. Sei fürsichtig Knabe, mir wäre leid wenn dir ein Unfall begegnen sollt'.

GEORG. Lasst's nur, mich irrt's nicht wenn noch so viel um mich herumkrabbeln, mir ist's als wenn's Ratten und Mäus wären. *(Ab.)*

Bamberg.

Bischof. Weislingen.

BISCHOF. Du willst dich nicht länger halten lassen!

WEISLINGEN. Ihr werdet nicht verlangen dass ich meinen Eid brechen soll.

BISCHOF. Ich hätte verlangen können du solltest ihn nicht schwören. Was für ein Geist regierte dich? Konnt ich dich ohne das nicht befreien? Gelt ich so wenig am kaiserlichen Hofe?

WEISLINGEN. Es ist geschehen, verzeiht mir wenn Ihr könnt.

BISCHOF. Ich begreif nicht, was nur im Geringsten dich nötigte den Schritt zu tun! Mir zu entsagen? Waren denn nicht hundert andere Bedingungen loszukommen? Haben

13 **Küttel:** Kittel: Reitkleid | 14 **Geleitzeichen:** Erkennungszeichen | 34 **Bedingungen:** hier: Möglichkeiten

wir nicht seinen Buben? Hätt ich nicht Gelds genug gegeben, und ihn wieder beruhigt? Unsere Anschläge auf ihn und seine Gesellen wären fortgegangen – Ach ich denke nicht, dass ich mit seinem Freund rede, der nun wider mich arbeitet und die Minen leicht entkräften kann, die er selbst gegraben hat.

WEISLINGEN. Gnädiger Herr.

BISCHOF. Und doch – wenn ich wieder dein Angesicht sehe, deine Stimme höre. Es ist nicht möglich, nicht möglich.

WEISLINGEN. Lebt wohl gnädiger Herr.

BISCHOF. Ich geb dir meinen Segen. Sonst wenn du gingst, sagt ich: auf Wiedersehn. Jetzt – Wollte Gott, wir sähn einander nie wieder.

WEISLINGEN. Es kann sich vieles ändern.

BISCHOF. Es hat sich leider nur schon zu viel geändert. Vielleicht seh ich dich noch einmal als Feind vor meinen Mauern, die Felder verheeren, die ihren blühenden Zustand dir jetzo danken.

WEISLINGEN. Nein, gnädiger Herr.

BISCHOF. Du kannst nicht nein sagen. Die weltliche Stände, meine Nachbaren, haben alle einen Zahn auf mich. Solang ich dich hatte – Geht Weisling! Ich habe Euch nichts mehr zu sagen. Ihr habt vieles zunichte gemacht. Geht!

WEISLINGEN. Und ich weiß nicht was ich sagen soll.

(Bischof ab.)

Franz tritt auf.

FRANZ. Adelheid erwartet Euch. Sie ist nicht wohl. Und doch will sie Euch ohne Abschied nicht lassen.

WEISLINGEN. Komm.

FRANZ. Gehn wir denn gewiss?

WEISLINGEN. Noch diesen Abend.

FRANZ. Mir ist als wenn ich aus der Welt sollte.

WEISLINGEN. Mir auch, und noch darzu als wüsst ich nicht wohin.

3 **fortgegangen:** weitergegangen | 5 **Minen:** unterirdische Stollen, um Verteidigungsanlagen zu sprengen; hier: listige Unternehmungen | 17 **verheeren:** zerstören, niederbrennen | 21 **einen Zahn:** eine Mordswut

Adelheidens Zimmer.

Adelheid. Fräulein.

FRÄULEIN. Ihr seht blass gnädige Frau.

ADELHEID. – Ich lieb ihn nicht, und ich wollt' doch dass er bliebe. Siehst du, ich könnte mit ihm leben, ob ich ihn gleich nicht zum Mann haben möchte.

FRÄULEIN. Glaubt Ihr, er geht?

ADELHEID. Er ist zum Bischof um Lebewohl zu sagen.

FRÄULEIN. Er hat darnach noch einen schweren Stand.

ADELHEID. Wie meinst du?

FRÄULEIN. Was fragt Ihr gnädige Frau. Ihr habt sein Herz geangelt, und wenn er sich losreißen will, verblutet er.

Adelheid. Weislingen.

WEISLINGEN. Ihr seid nicht wohl, gnäd'ge Frau?

ADELHEID. Das kann Euch einerlei sein. Ihr verlasst uns, verlasst uns auf immer. Was fragt Ihr ob wir leben oder sterben.

WEISLINGEN. Ihr verkennt mich.

ADELHEID. Ich nehme Euch wie Ihr Euch gebt.

WEISLINGEN. Das Ansehn trügt.

ADELHEID. So seid Ihr Chamäleon.

WEISLINGEN. Wenn Ihr mein Herz sehen könntet.

ADELHEID. Schöne Sachen würden mir vor die Augen kommen.

WEISLINGEN. Gewiss! Ihr würdet Euer Bild drin finden.

ADELHEID. In irgendeinem Winkel bei den Porträts ausgestorbener Familien. Ich bitt Euch Weislingen, bedenkt Ihr redet mit mir. Falsche Worte gelten zum Höchsten wenn sie Masken unserer Taten sind. Ein Vermummter der kenntlich ist, spielt eine armselige Rolle. Ihr leugnet Eure Handlungen nicht, und redet das Gegenteil, was soll man von Euch halten.

WEISLINGEN. Was Ihr wollt. Ich bin so geplagt mit dem was

20 Ansehn: Anschein | **21 Chamäleon:** Reptil, das sich durch Farbwechsel seiner Umgebung anpasst | **28 zum Höchsten:** höchstens

ich bin, dass mir wenig bang ist für was man mich nehmen mag.

ADELHEID. Ihr kommt um Abschied zu nehmen.

WEISLINGEN. Erlaubt mir Eure Hand zu küssen, und ich will sagen, lebt wohl. Ihr erinnert mich! Ich bedachte nicht. Ich bin beschwerlich gnädige Frau.

ADELHEID. Ihr legt's falsch aus; ich wollte Euch forthelfen. Denn Ihr wollt fort.

WEISLINGEN. O sagt ich muss. Zöge mich nicht die Ritterpflicht, der heilige Handschlag –

ADELHEID. Geht! Geht! Erzählt das Mädchen die den Teuerdank lesen, und sich so einen Mann wünschen. Ritterpflicht! Kinderspiel!

WEISLINGEN. Ihr denkt nicht so.

ADELHEID. Bei meinem Eid, Ihr verstellt Euch! Was habt Ihr versprochen? Und wem? Einem Mann, der seine Pflicht gegen den Kaiser und das Reich verkennt, in eben dem Augenblick Pflicht zu leisten, da er durch eine Gefangennehmung in die Strafe der Acht verfällt. Pflicht zu leisten! die nicht gültiger sein kann, als ein ungerechter gezwungener Eid. Entbinden nicht unsere Gesetze von solchen Schwüren? Macht das Kindern weis die den Rübezahl glauben. Es stecken andere Sachen dahinter. Ein Feind des Reichs zu werden, ein Feind der bürgerlichen Ruh und Glückseligkeit! Ein Feind des Kaisers! Geselle eines Räubers, du Weislingen mit deiner sanften Seele.

WEISLINGEN. Wenn Ihr ihn kenntet.

ADELHEID. Ich wollt' ihm Gerechtigkeit widerfahren lassen. Er hat eine hohe, unbändige Seele. Eben darum wehe dir Weislingen. Geh und bilde dir ein ein Geselle von ihm zu sein. Geh! und lass dich beherrschen. Du bist freundlich, gefällig –

WEISLINGEN. Er ist's auch.

ADELHEID. Aber du bist nachgebend und er nicht! Unversehens wird er dich wegreißen, wirst ein Sklave eines Edel-

1 **bang:** mulmig, ängstlich | 5 f. **Ich bin beschwerlich:** Ich falle zur Last | 11 f. **Teuerdank:** bekanntes Ritterbuch aus dem Spätmittelalter; von Kaiser Maximilian in Auftrag gegeben und mitverfasst | 22 **Rübezahl:** sagenhafter Berggeist des Riesengebirges | 29 **unbändige:** ungebundene, freie

manns werden, da du Herr von Fürsten sein könntest. – Doch es ist Unbarmherzigkeit dir deinen zukünftigen Stand zu verleiden.

WEISLINGEN. Hättest du gefühlt wie liebreich er mir begegnete.

ADELHEID. Liebreich! Das rechnest du ihm an? Es war seine Schuldigkeit, und was hättest du verloren wenn er widerwärtig gewesen wäre? Mir hätte das willkommner sein sollen. Ein übermütiger Mensch wie der –

WEISLINGEN. Ihr redet von Euerm Feind.

ADELHEID. Ich redete für Eure Freiheit – Und weiß überhaupt nicht, was ich für ein Interesse dran nahm. Lebt wohl.

WEISLINGEN. Erlaubt noch einen Augenblick. *(Er nimmt ihre Hand und schweigt.)*

ADELHEID. Habt Ihr mir noch was zu sagen?

WEISLINGEN. – – Ich muss fort.

ADELHEID. So geht.

WEISLINGEN. Gnädige Frau! – Ich kann nicht.

ADELHEID. Ihr müsst.

WEISLINGEN. Soll das Euer letzter Blick sein!

ADELHEID. Geht! Ich bin krank, sehr zur ungelegnen Zeit.

WEISLINGEN. Seht mich nicht so an.

ADELHEID. Willst du unser Feind sein, und wir sollen dir lächeln? Geh!

WEISLINGEN. Adelheid!

ADELHEID. Ich hasse Euch!

Franz kommt.

FRANZ. Gnädiger Herr! Der Bischof lässt Euch rufen.

ADELHEID. Geht! Geht!

FRANZ. Er bittet Euch eilend zu kommen.

ADELHEID. Geht! Geht!

WEISLINGEN. Ich nehme nicht Abschied, ich sehe Euch wieder! *(Ab.)*

ADELHEID. Mich wieder. Wir wollen dafür sein. Margrethe wenn er kommt weis ihn ab. Ich bin krank, hab Kopfweh, ich schlafe – Weis ihn ab. Wenn er noch zu gewinnen ist, so ist's auf diesen Weg. *(Ab.)*

Vorzimmer.

Weislingen. Franz.

WEISLINGEN. Sie will mich nicht sehn?
FRANZ. Es wird Nacht, soll ich die Pferde satteln?
WEISLINGEN. Sie will mich nicht sehn!
FRANZ. Wann befehlen Ihro Gnaden die Pferde?
WEISLINGEN. Es ist zu spät! Wir bleiben hier.
FRANZ. Gott sei dank. *(Franz ab.)*
WEISLINGEN. Du bleibst! Sei auf deiner Hut, die Versuchung ist groß. Mein Pferd scheute wie ich zum Schlosstor hereinwollte, mein guter Geist stellte sich ihm entgegen, er kannte die Gefahren die mein hier warteten. Doch ist's nicht recht, die vielen Geschäfte die ich dem Bischof unvollendet liegen ließ, nicht wenigstens so zu ordnen dass ein Nachfolger da anfangen kann, wo ich's gelassen habe? Das kann ich doch alle tun, unbeschadet Berlichingens und unserer Verbindung. Denn halten sollen sie mich hier nicht – Wäre doch besser gewesen, wenn ich nicht gekommen wäre. Aber ich will fort – morgen oder übermorgen. *(Geht ab.)*

Im Spessart.

Götz. Selbitz. Georg.

SELBITZ. Ihr seht, es ist gegangen wie ich gesagt habe.
GÖTZ. Nein. Nein. Nein.
GEORG. Glaubt, ich berichte Euch mit der Wahrheit. Ich tat wie Ihr befahlt, nahm den Küttel des Bambergischen und sein Zeichen, und damit ich doch mein Essen und Trinken

1 **Wir wollen dafür sein:** Wir werden es zu verhindern wissen | 19 f. **Das kann ich doch alle tun:** Das kann ich doch noch zu Ende bringen | 20 **unbeschadet:** ungeachtet, trotz

verdiente, geleitete ich reineckische Bauren hinauf nach Bamberg.

SELBITZ. In der Verkappung. Das hätte dir übel geraten können.

GEORG. So denk ich auch hintendrein. Ein Reutersmann der das vorausdenkt, wird keine weite Sprünge machen. Ich kam nach Bamberg, und gleich im Wirtshaus hörte ich erzählen: Weislingen und der Bischof seien ausgesöhnt, und man redte viel von einer Heirat mit der Witwe des von Walldorf.

GÖTZ. Gespräche.

GEORG. Ich sah ihn wie er sie zur Tafel führte. Sie ist schön, bei meinem Eid, sie ist schön. Wir bückten uns alle, sie dankte uns allen, er nickte mit dem Kopf, sah sehr vergnügt, sie gingen vorbei, und das Volk murmelte: ein schönes Paar!

GÖTZ. Das kann sein.

GEORG. Hört weiter. Da er des andern Tags in die Messe ging, passte ich meine Zeit ab. Er war allein mit einem Knaben. Ich stund unten an der Treppe und sagte leise zu ihm: ein Paar Worte von Eurem Berlichingen. Er ward bestürzt, ich sahe das Geständnis seines Lasters in seinem Gesicht, er hatte kaum das Herz mich anzusehen, mich, einen schlechten Reutersjungen.

SELBITZ. Das macht, sein Gewissen war schlechter als dein Stand.

GEORG. Du bist bambergisch! sagt' er. Ich bring einen Gruß vom Ritter Berlichingen, sagt ich, und soll fragen – komm morgen früh, sagt' er, an mein Zimmer, wir wollen weiterreden.

GÖTZ. Kamst du?

GEORG. Wohl kam ich, und musst im Vorsaal stehn, lang lang. Und die seidne Buben beguckten mich von vorn und hinten. Ich dachte guckt ihr – endlich führte man mich hinein, er schien böse, mir war's einerlei. Ich trat zu ihm und sagte meine Kommission. Er tat feindlich böse, wie ei-

3 **Verkappung:** Maskierung | 18 **Messe:** katholischer Gottesdienst | 24 **schlechten:** hier für: schlichten, einfachen | 33 **seidne Buben:** wertvoll gekleidete, verweichlichte Edelknaben

ner der kein Herz hat und 's nit will merken lassen. Er verwunderte sich, dass Ihr ihn durch einen Reutersjungen zur Rede setzen ließt. Das verdross mich. Ich sagte, es gäbe nur zweierlei Leut, brave und Schurken, und ich diente Götzen von Berlichingen. Nun fing er an schwätzte allerlei verkehrtes Zeug, das darauf hinausging: Ihr hättet ihn übereilt, er sei Euch keine Pflicht schuldig, und wollte nichts mit Euch zu tun haben.

GÖTZ. Hast du das aus seinem Munde?

GEORG. Das und noch mehr. – Er drohte mir –

GÖTZ. Es ist genug! Der wäre nun auch verloren! Treu und Glaube du hast mich wieder betrogen. Arme Marie! Wie werd ich dir's beibringen?

SELBITZ. Ich wollte lieber mein ander Bein darzu verlieren als so ein Hundsfutt sein. *(Ab.)*

Bamberg.

Adelheid. Weislingen.

ADELHEID. Die Zeit fängt mir an unerträglich lang zu werden; reden mag ich nicht, und ich schäme mich mit Euch zu spielen. Langeweile, du bist ärger als ein kaltes Fieber.

WEISLINGEN. Seid Ihr mich schon müde?

ADELHEID. Euch nicht sowohl als Euren Umgang. Ich wollte Ihr wärt wo Ihr hinwolltet, und wir hätten Euch nicht gehalten.

WEISLINGEN. Das ist Weibergunst! Erst brütet sie mit Mutterwärme unsere liebsten Hoffnungen an, dann gleich einer unbeständigen Henne, verlässt sie das Nest, und übergibt ihre schon keimende Nachkommenschaft dem Tod und der Verwesung.

ADELHEID. Deklamiert wider die Weiber! Der unbesonnene Spieler zerbeißt und zerstampft die Karten, die ihn unschuldigerweis verlieren machten. Aber lasst mich Euch was von Mannsleuten erzählen. Was seid denn ihr, um von

3 **verdross:** ärgerte | 6 **verkehrtes:** unzusammenhängendes | 7 **übereilt:** überrumpelt | 15 **Hundsfutt:** Hundsfott: altes vulgäres Schimpfwort, abgeleitet von den Geschlechtsteilen einer Hündin | 22 **nicht sowohl als:** veraltet für: sowohl als auch | 30 **Deklamiert:** Tragt vor; hier: Redet nur

Wankelmut zu sprechen? Ihr die ihr selten seid was ihr sein wollt, niemals was ihr sein solltet. Könige im Festtagsornat, vom Pöbel beneidet. Was gäb eine Schneidersfrau drum, eine Schnur Perlen um ihren Hals zu haben, von dem Saum eures Kleids, den eure Absätze verächtlich zurückstoßen!

WEISLINGEN. Ihr seid bitter.

ADELHEID. Es ist die Antistrophe von Eurem Gesang. Eh ich Euch kannte Weislingen, ging mir's wie der Schneidersfrau. Der Ruf hundertzüngig, ohne Metapher gesprochen, hatte Euch so zahnarztmäßig herausgestrichen, dass ich mich überreden ließ zu wünschen: möchtest du doch diese Quintessenz des männlichen Geschlechts, den Phönix Weislingen zu Gesicht kriegen! Ich ward meines Wunsches gewährt.

WEISLINGEN. Und der Phönix präsentierte sich als ein ordinärer Haushahn.

ADELHEID. Nein Weislingen, ich nahm Anteil an Euch.

WEISLINGEN. Es schien so.

ADELHEID. Und war. Denn würklich Ihr übertraft Euren Ruf. Die Menge schätzt nur den Widerschein des Verdienstes. Wie mir's denn nun geht dass ich über die Leute nicht denken mag die mich interessieren; so lebten wir eine Zeitlang nebeneinander, es fehlte mir was, und ich wusste nicht was ich an Euch vermisste. Endlich gingen mir die Augen auf. Ich sah statt des aktiven Manns der die Geschäfte eines Fürstentums belebte, der sich und seinen Ruhm dabei nicht vergaß, der auf hundert großen Unternehmungen wie auf übereinander gewälzten Bergen zu den Wolken hinaufgestiegen war; den seh ich auf einmal, jammernd wie einen kranken Poeten, melancholisch wie ein gesundes Mädchen, und müßiger als einen alten Junggesellen. Anfangs schrieb ich's Eurem Unfall zu, der Euch noch neu auf dem Herzen lag, und entschuldigte Euch so gut ich konnte. Itzt, da es von Tag zu Tag schlimmer mit Euch zu werden scheint, müsst Ihr mir verzeihen wenn ich Euch

2 f. **Festtagsornat:** Festtagskleidung | 8 **Antistrophe:** in der altgriech. Tragödie die dem Gesang folgende Gegenwendung des Chors | 11 **zahnarztmäßig:** marktschreierisch; damals bot der Zahnarzt noch auf Jahrmärkten seine Dienste an | 13 **Quintessenz:** Wesen, Hauptinhalt

meine Gunst entreiße; Ihr besitzt sie ohne Recht, ich schenkte sie einem andern auf lebenslang, der sie Euch nicht übertragen konnte.

WEISLINGEN. So lasst mich los.

ADELHEID. Nicht bis alle Hoffnung verloren ist. Die Einsamkeit ist in diesen Umständen gefährlich. Armer Mensch. Ihr seid so missmutig wie einer dem sein erstes Mädchen untreu wird, und eben darum geb ich Euch nicht auf. Gebt mir die Hand, verzeiht mir was ich aus Liebe gesagt habe.

WEISLINGEN. Könntest du mich lieben, könntest du meiner heißen Leidenschaft einen Tropfen Linderung gewähren. Adelheid! deine Vorwürfe sind höchst ungerecht. Könntest du den hundertsten Teil ahnden, von dem was die Zeit her in mir arbeitet, du würdest mich nicht mit Gefälligkeit, Gleichgültigkeit und Verachtung so unbarmherzig hin und her zerrissen haben – Du lächelst! – Nach dem übereilten Schritt wieder mit mir selbst einig zu werden, kostete mehr als einen Tag. Wider den Menschen zu arbeiten, dessen Andenken so lebhaft neu in Liebe bei mir ist.

ADELHEID. Wunderlicher Mann, der du den lieben kannst, den du beneidest! Das ist als wenn ich meinem Feinde Proviant zuführte.

WEISLINGEN. Ich fühl's wohl es gilt hier kein Säumen. Er ist berichtet, dass ich wieder Weislingen bin, und er wird sich seines Vorteils über uns ersehen. Auch Adelheid sind wir nicht so träg als du meinst. Unsere Reuter sind verstärkt und wachsam, unsere Unterhandlungen gehen fort, und der Reichstag zu Augsburg soll hoffentlich unsere Projekte zur Reife bringen.

ADELHEID. Ihr geht hin?

WEISLINGEN. Wenn ich Eine Hoffnung mitnehmen könnte! *(Er küsst ihre Hand.)*

ADELHEID. O ihr Unglaubigen. Immer Zeichen und Wunder! Geh Weislingen und vollende das Werk. Der Vorteil des Bischofs, der deinige, der meinige, sie sind so verwebt, dass, wäre es auch nur der Politik willen –

13 **ahnden:** ahnen | 13 f. **was die Zeit her in mir arbeitet:** woran ich die ganze Zeit denken muss | 24 **berichtet:** darüber unterrichtet | 24 f. **sich seines Vorteils über uns ersehen:** seinen Vorteil erkennen | 28 **Reichstag zu Augsburg:** im Herbst 1518

WEISLINGEN. Du kannst scherzen.

ADELHEID. Ich scherze nicht. Meine Güter hat der stolze Herzog inne, die deinigen wird Götz nicht lange ungeneckt lassen; und wenn wir nicht zusammenhalten wie unsere Feinde, und den Kaiser auf unsere Seite lenken, sind wir verloren.

WEISLINGEN. Mir ist's nicht bange. Der größte Teil der Fürsten ist unserer Gesinnung, der Kaiser verlangt Hülfe gegen die Türken, und dafür ist's billig dass er uns wieder beisteht. Welche Wollust wird mir's sein deine Güter von übermütigen Feinden zu befreien, die unruhige Köpfe in Schwaben aufs Küssen zu bringen, die Ruhe des Bistums, unsrer aller herzustellen. Und dann –?

ADELHEID. Ein Tag bringt den andern, und beim Schicksal steht das Zukünftige.

WEISLINGEN. Aber wir müssen wollen.

ADELHEID. Wir wollen ja.

WEISLINGEN. Gewiss?

ADELHEID. Nun ja. Geht nur.

WEISLINGEN. Zauberin!

Herberge. Bauernhochzeit. Musik und Tanz draußen.

Der Brautvater, Götz, Selbitz am Tische. Bräutigam tritt zu ihnen.

GÖTZ. Das Gescheitste war, dass ihr euern Zwist so glücklich und fröhlich durch eine Heirat endigt.

BRAUTVATER. Besser als ich mir's hätte traumen lassen. In Ruh und Fried mit meinem Nachbar, und eine Tochter wohlversorgt dazu!

BRÄUTIGAM. Und ich in Besitz des strittigen Stücks, und drüber den hübschten Backfisch im ganzen Dorf. Wollte Gott Ihr hättet Euch eher dreingeben.

SELBITZ. Wie lange habt ihr prozessiert?

BRAUTVATER. An die acht Jahre. Ich wollte lieber noch einmal

3 f. **ungeneckt:** ungeschoren | 12 **aufs Küssen zu bringen:** auf das Todeskissen zu bringen: hinrichten zu lassen | 12 **Bistums:** bischöflichem Herrschaftsgebiets | 24 **Zwist:** Streit | 29 f. **drüber:** darüber hinaus | 30 **Backfisch:** junges Mädchen | 31 **dreingeben:** eingewilligt

so lang das Frieren haben, als von vorne anfangen. Das ist ein Gezerre Ihr glaubt's nicht, bis man den Perucken ein Urteil vom Herzen reißt, und was hat man darnach? Der Teufel hol' den Assessor Sapupi 's is ein verfluchter schwarzer Italiäner.

BRÄUTIGAM. Ja, das ist ein toller Kerl. Zweimal war ich dort.

BRAUTVATER. Und ich dreimal. Und seht ihr Herrn, kriegen wir ein Urteil endlich, wo ich so viel Recht hab als er, und er so viel als ich, und wir eben stunden wie die Maulaffen, bis mir unser Herrgott eingab, ihm meine Tochter zu geben und das Zeug dazu.

GÖTZ *(trinkt)*. Gut Vernehmen künftig.

BRAUTVATER. Geb's Gott. Geh' aber wie's will, prozessieren tu ich mein Tag nit mehr. Was das ein Geldspiel kost. Jeden Reverenz den euch ein Prokurator macht, müsst ihr bezahlen.

SELBITZ. Sind ja jährlich kaiserliche Visitationen da.

BRAUTVATER. Hab nichts davon gespürt. Ist mir mancher schöner Taler nebenausgangen. Das unerhörte Blechen!

GÖTZ. Wie meint Ihr?

BRAUTVATER. Ach, da macht alles hohle Pfötchen. Der Assessor allein, Gott verzeih's ihm, hat mir achtzehn Goldgulden abgenommen.

BRÄUTIGAM. Wer?

BRAUTVATER. Wer anders als der Sapupi.

GÖTZ. Das ist schändlich.

BRAUTVATER. Wohl, ich musst ihm zwanzig erlegen. Und da ich sie ihm hingezahlt hatte, in seinem Gartenhaus, das fürtrefflich ist, im großen Saal, wollt mir vor Wehmut fast das Herz brechen. Denn seht, eines Haus und Hof steht gut, aber wo soll bar Geld herkommen? Ich stund da, Gott weiß wie mir's war. Ich hatte keinen roten Heller Reisegeld im Sack. Endlich nahm ich mir's Herz und stellt's ihm vor. Nun er sah dass mir 's Wasser an die Seele ging, da warf er mir zwei davon zurück, und schickt' mich fort.

BRÄUTIGAM. Es ist nicht möglich! Der Sapupi.

1 **Frieren:** Schüttelfrost | 5 **schwarzer:** schwarzhaariger | 9 **Maulaffen:** Gaffer | 14 **Geldspiel:** eine Menge Geld | 19 **nebenausgangen:** abhandengekommen | 22 f. **Goldgulden:** alte deutsche Goldmünzen | 32 **Heller:** alte deutsche Kupfermünze | 34 **dass mir 's Wasser an die Seele ging:** dass mir beinahe die Tränen kamen

BRAUTVATER. Wie stellst du dich! Freilich! Kein andrer!

BRÄUTIGAM. Den soll der Teufel holen, er hat mir auch fünfzehn Goldgülden abgenommen.

BRAUTVATER. Verflucht!

SELBITZ. Götz! Wir sind Räuber!

BRAUTVATER. Drum fiel das Urteil so scheel aus. Du Hund.

GÖTZ. Das müsst ihr nicht ungerügt lassen.

BRAUTVATER. Was sollen wir tun?

GÖTZ. Macht euch auf nach Speyer, es ist eben Visitationszeit, zeigt's an, sie müssen's untersuchen und euch zu dem eurigen helfen.

BRÄUTIGAM. Denkt Ihr, wir treiben's durch?

GÖTZ. Wenn ich ihm über die Ohren dürfte, wollt' ich's euch versprechen.

SELBITZ. Die Summe ist wohl einen Versuch wert.

GÖTZ. Bin ich wohl eher um des vierten Teils willen ausgeritten.

BRAUTVATER. Wie meinst du?

BRÄUTIGAM. Wir wollen, geh's wie's geh'.

Georg kommt.

GEORG. Die Nürnberger sind im Anzug.

GÖTZ. Wo?

GEORG. Wenn wir ganz sachte reiten, packen wir sie zwischen Beerheim und Mühlbach im Wald.

SELBITZ. Trefflich!

GÖTZ. Kommt Kinder. Gott grüß' euch. Helf' uns allen zum unsrigen.

BAUER. Großen Dank, ihr wollen nicht zum Nacht-Ims bleiben?

GÖTZ. Können nicht. Adies.

6 **scheel:** nach beiden Seiten schielend; hier im Sinne von: vorsichtig, kleinmütig | 12 **wir treiben's durch:** wir bringen es zu einem guten Ende | 13 **ihm über die Ohren dürfte:** ihm hart zusetzen, ihn bekämpfen dürfte | 16 **um des vierten Teils:** um ein Viertel davon | 28 **Nacht-Ims:** verkürzt aus: Nacht-Imbiss

Dritter Akt

Augsburg. Ein Garten.

Zwei Nürnberger Kaufleute.

ERSTER KAUFMANN. Hier wollen wir stehn, denn da muss der Kaiser vorbei. Er kommt eben die lange Allee herauf.

ZWEITER KAUFMANN. Wer ist bei ihm?

ERSTER KAUFMANN. Adelbert von Weislingen.

ZWEITER KAUFMANN. Bambergs Freund! das ist gut.

ERSTER KAUFMANN. Wir wollen einen Fußfall tun, und ich will reden.

ZWEITER KAUFMANN. Wohl, da kommen sie.

Kaiser. Weislingen.

ERSTER KAUFMANN. Er sieht verdrüsslich aus.

KAISER. Ich bin unmutig Weislingen, und wenn ich auf mein vergangenes Leben zurücksehe, möcht ich verzagt werden, so viel halbe, so viel verunglückte Unternehmungen! und das alles, weil kein Fürst im Reich so klein ist, dem nicht mehr an seinen Grillen gelegen wäre als an meinen Gedanken.

Die Kaufleute (werfen sich ihm zu Füßen).

KAUFMANN. Allerdurchlauchtigster! Großmächtigster!

KAISER. Wer seid ihr? Was gibt's?

KAUFMANN. Arme Kaufleute von Nürnberg, Euer Majestät Knechte, und flehen um Hülfe. Götz von Berlichingen und Hans von Selbitz haben unserer dreißig, die von der Frankfurter Mess kamen, im bambergischen Geleite niedergeworfen und beraubt, wir bitten Eure Kaiserliche Majestät um Hülfe, um Beistand, sonst sind wir alle verdorbene Leute, genötigt unser Brot zu betteln.

KAISER. Heiliger Gott! Heiliger Gott! Was ist das? Der eine hat eine Hand, der andere nur ein Bein, wenn sie denn erst

9 **Fußfall:** Kniefall, um ein besonderes Anliegen an eine hochgestellte Persönlichkeit vorzubringen | 13 **verdrüsslich:** verdrießlich: schlecht gelaunt | 14 **unmutig:** missmutig | 18 **Grillen:** Launen, Wunderlichkeiten | 28 f. **verdorbene:** hier für: verarmte, verlorene

zwo Hände hätten, und zwo Beine, was wolltet ihr dann tun?

KAUFMANN. Wir bitten Eure Majestät untertänigst, auf unsere bedrängte Umstände ein mitleidiges Auge zu werfen.

KAISER. Wie geht's zu! Wenn ein Kaufmann einen Pfeffersack verliert, soll man das ganze Reich aufmahnen, und wenn Händel vorhanden sind, daran Kaiserliche Majestät und dem Reich viel gelegen ist, dass es Königreich, Fürstentum, Herzogtum und anders betrifft, so kann euch kein Mensch zusammenbringen.

WEISLINGEN. Ihr kommt zur ungelegnen Zeit. Geht und verweilt einige Tage hier.

KAUFLEUTE. Wir empfehlen uns zu Gnaden. *(Ab.)*

KAISER. Wieder neue Händel. Sie wachsen nach wie die Köpfe der Hydra.

WEISLINGEN. Und sind nicht auszurotten als mit Feuer und Schwert, und einer mutigen Unternehmung.

KAISER. Glaubt Ihr?

WEISLINGEN. Ich halte nichts für tulicher, wenn Eure Majestät und die Fürsten sich über andern unbedeutenden Zwist vereinigen könnten. Es ist mitnichten ganz Deutschland das über Beunruhigung klagt. Franken und Schwaben allein glimmt noch von den Resten des innerlichen verderblichen Burgerkriegs. Und auch da sind viele der Edlen und Freien die sich nach Ruhe sehnen. Hätten wir einmal diesen Sickingen, Selbitz – Berlichingen auf die Seite geschafft, das Übrige würde bald von sich selbsten zerfallen. Denn sie sind's deren Geist die aufrührische Menge belebt.

KAISER. Ich möchte die Leute gerne schonen, sie sind tapfer und edel. Wenn ich Krieg führte, müsst ich sie unter meiner Armee haben.

WEISLINGEN. Es wäre zu wünschen dass sie von jeher gelernt hätten ihrer Pflicht zu gehorchen. Und dann wär es höchst gefährlich ihre aufrührische Unternehmungen durch Ehrenstellen zu belohnen. Denn eben diese kaiser-

6 das ganze Reich aufmahnen: die Truppen des Reichs ins Feld rufen | **15 Hydra:** schlangenähnliches Ungeheuer der griechischen Mythologie | **19 tulicher:** ratsamer | **26 f. auf die Seite geschafft:** aus dem Weg geräumt | **36 Ehrenstellen:** hohe Ämter

liche Mild und Gnade ist's, die sie bisher so ungeheuer missbrauchen, und ihr Anhang der sein Vertrauen und Hoffnung darauf setzt, wird nicht ehe zu bändigen sein, bis wir sie ganz vor den Augen der Welt zunichte gemacht, und alle Aussichten auf die Zukunft ihnen abgeschnitten haben.

KAISER. Ihr ratet also zur Strenge.

WEISLINGEN. Ich sehe kein ander Mittel den Schwindelgeist, der ganze Landschaften ergreift, zu bannen. Hören wir nicht schon hier und da die bittersten Klagen der Edlen, dass ihre Untertanen ihre Leibeigne sich gegen sie auflehnen und mit ihnen rechten, ihnen die hergebrachte Oberherrschaft zu schmälern drohen, und die gefährlichste Folgen zu fürchten sind?

KAISER. Jetzt wäre eine schöne Gelegenheit wider den Berlichingen und Selbitz, nur wollt' ich nicht dass ihnen was zuleid geschehe. Gefangen möcht ich sie haben, und dann müssten sie Urfehde schwören, auf ihren Schlössern ruhig zu bleiben, und nicht aus ihrem Bann zu gehen. Bei der nächsten Session will ich's vortragen.

WEISLINGEN. Ein freudiger beistimmender Zuruf wird Eurer Majestät das Ende der Rede ersparen. *(Ab.)*

Jagsthausen.

Sickingen. Berlichingen.

SICKINGEN. Ja, ich komme Eure edle Schwester um ihr Herz und ihre Hand zu bitten.

GÖTZ. So wollt' ich Ihr wärt eher kommen. Ich muss Euch sagen, Weislingen hat während seiner Gefangenschaft ihre Liebe gewonnen, um sie angehalten, und ich sagt sie ihm zu. Ich hab ihn losgelassen den Vogel, und er verachtet die gütige Hand, die ihm in der Not Futter reichte. Er schwirrt herum, weiß Gott auf welcher Hecke seine Nahrung zu suchen.

8 **Schwindelgeist:** hier für: unbesonnenes Denken und Handeln | 9 **bannen:** unterbinden | 12 **rechten:** streiten | 13 **schmälern:** verkleinern | 19 **aus ihrem Bann:** über die eigenen (Besitz-)Grenzen | 20 **Session:** Sitzung, Zusammenkunft

SICKINGEN. Ist das so?

GÖTZ. Wie ich sage.

SICKINGEN. Er hat ein doppeltes Band zerrissen. Wohl Euch dass Ihr mit dem Verräter nicht näher verwandt worden.

GÖTZ. Sie sitzt, das arme Mädchen, und verjammert und verbetet ihr Leben.

SICKINGEN. Wir wollen sie zu singen machen.

GÖTZ. Wie! Entschließet Ihr Euch eine Verlassne zu heuraten?

SICKINGEN. Es macht euch beiden Ehre, von ihm betrogen worden zu sein. Soll darum das arme Mädchen in ein Kloster gehn, weil der erste Mann den sie kannte ein Nichtswürdiger war? Nein doch! ich bleibe darauf, sie soll Königin von meinen Schlössern werden.

GÖTZ. Ich sage Euch sie war nicht gleichgültig gegen ihn.

SICKINGEN. Traust du mir nicht zu dass ich den Schatten eines Elenden sollte verjagen können? Lasst uns zu ihr. *(Ab.)*

Lager der Reichsexekution.

Hauptmann. Offiziere.

HAUPTMANN. Wir müssen behutsam gehn, und unsere Leute so viel möglich schonen. Auch ist unsere gemessene Order ihn in die Enge zu treiben, und lebendig gefangen zu nehmen. Es wird schwer halten, denn wer mag sich an ihn machen?

ERSTER OFFIZIER. Freilich! Und er wird sich wehren wie ein wildes Schwein. Überhaupt hat er uns sein Leben lang nichts zuleid getan, und jeder wird's von sich schieben Kaiser und Reich zu Gefallen Arm und Bein dranzusetzen.

ZWEITER OFFIZIER. Es wäre eine Schande wenn wir ihn nicht kriegten. Wenn ich ihn nur einmal beim Lippen habe, er soll nicht loskommen.

ERSTER OFFIZIER. Fasst ihn nur nicht mit Zähnen, er möchte

7 zu singen machen: wieder aufheitern | **18 Reichsexekution:** Truppe, die eine Reichsacht durchzusetzen hat; vgl. Anm. zu 47,19 | **21 Order:** militär. Befehl | **23 schwer halten:** schwer werden | **23 f. an ihn machen:** an ihn heranwagen | **31 Lippen:** Lappen: Kleiderzipfel | **33 Fasst … Zähnen:** Fasst ihn nur nicht zu zart an

Euch die Kinnbacken ausziehen. Guter junger Herr, dergleichen Leut packen sich nicht wie ein flüchtiger Dieb.

ZWEITER OFFIZIER. Wollen sehn.

HAUPTMANN. Unsern Brief muss er nun haben. Wir wollen nicht säumen, und einen Trupp ausschicken, der ihn beobachten soll.

ZWEITER OFFIZIER. Lasst mich ihn führen.

HAUPTMANN. Ihr seid der Gegend unkundig.

ZWEITER OFFIZIER. Ich habe einen Knecht der hier geboren und erzogen ist.

HAUPTMANN. Ich bin's zufrieden. *(Ab.)*

Jagsthausen.

Sickingen.

SICKINGEN. Es geht alles nach Wunsch, sie war etwas bestürzt über meinen Antrag, und sah mich vom Kopf bis auf die Füße an, ich wette sie verglich mich mit ihrem Weißfisch. Gott sei Dank dass ich mich stellen darf. Sie antwortete wenig, und durcheinander, desto besser! Es mag eine Zeit kochen. Bei Mädchen die durch Liebesunglück gebeizt sind, wird ein Heiratsvorschlag bald gar.

Götz kommt.

SICKINGEN. Was bringt Ihr Schwager?

GÖTZ. In die Acht erklärt.

SICKINGEN. Was?

GÖTZ. Da lest den erbaulichen Brief. Der Kaiser hat Exekution gegen mich verordnet, die mein Fleisch den Vögeln unter dem Himmel, und den Tieren auf dem Felde zu fressen vorschneiden soll.

SICKINGEN. Erst sollen sie dran. Just zur gelegenen Zeit bin ich hier.

GÖTZ. Nein Sickingen Ihr sollt fort. Das hieße Euere großen Anschläge im Keim zertreten, wenn Ihr zu so ungelegener

1 **Kinnbacken ausziehen:** Unterkiefer zertrümmern | 17 **Weißfisch:** Anspielung auf Weislingen | 25 **erbaulichen:** hier ironisch für: stimmungssteigernden | 29 **Erst sollen sie dran:** im Sinne von: Das sollen sie erst einmal schaffen | 29 **Just:** Gerade

Zeit des Reichs Feind werden wolltet. Auch mir könnt Ihr weit mehr nutzen, wenn Ihr neutral zu sein scheint. Der Kaiser liebt Euch, und das Schlimmste das mir begegnen kann, ist gefangen zu werden, dann braucht Euer Vorwort, und reißt mich aus einem Elend, in das unzeitige Hülfe uns beide stürzen konnte. Denn was wär's, jetzo geht der Zug gegen mich, erfahren sie du bist bei mir, so schicken sie mehr, und wir sind um nichts gebessert. Der Kaiser sitzt an der Quelle, und ich wär schon jetzt unwiederbringlich verloren, wenn man Tapferkeit so geschwind einblasen könnte, als man einen Haufen zusammenblasen kann.

SICKINGEN. Doch kann ich heimlich ein zwanzig Reuter zu Euch stoßen lassen.

GÖTZ. Gut. Ich hab schon Georgen nach dem Selbitz geschickt, und meine Knechte in der Nachbarschaft herum. Lieber Schwager, wenn meine Leute beisammen sind, es wird ein Häufchen sein dergleichen wenig Fürsten beisammen gesehen haben.

SICKINGEN. Ihr werdet gegen der Menge wenig sein.

GÖTZ. Ein Wolf ist einer ganzen Herde Schafe zu viel.

SICKINGEN. Wenn sie aber einen guten Hirten haben?

GÖTZ. Sorg du. Und es sind lauter Mietlinge. Und dann kann der beste Ritter nichts machen, wenn er nicht Herr von seinen Handlungen ist. So kamen sie mir auch einmal, wie ich dem Pfalzgraf zugesagt hatte gegen Conrad Schotten zu dienen, da legt' er mir einen Zettel aus der Kanzlei vor, wie ich reiten und mich halten sollt, da wurf ich den Räten das Papier wieder dar, und sagt: ich wüsst nicht darnach zu handeln; ich weiß nicht was mir begegnen mag, das steht nicht im Zettel; ich muss die Augen selbst auftun, und sehn was ich zu schaffen hab.

SICKINGEN. Glück zu Bruder! Ich will gleich fort und dir schicken was ich in der Eil zusammentreiben kann.

GÖTZ. Komm noch zu den Frauen, ich ließ sie beisammen. Ich wollte dass du ihr Wort hättest, ehe du gingst. Dann

4 **braucht Euer Vorwort:** gebraucht Eure Fürsprache, setzt Euch für mich ein | 5 **unzeitige:** ungelegene, unpassende | 23 **Mietlinge:** Söldner | 27 **Kanzlei:** Raum einer Rechtsbehörde, Büro | 28 f. **wurf ich … dar:** warf ich … hin

schick mir die Reuter und komm heimlich wieder sie abzuholen, denn mein Schloss, fürcht ich, wird bald kein Aufenthalt für Weiber mehr sein.

SICKINGEN. Wollen das Beste hoffen. *(Ab.)*

Bamberg. Adelheidens Zimmer.

Adelheid. Franz.

ADELHEID. So sind die beide Exekutionen schon aufgebrochen?

FRANZ. Ja, und mein Herr hat die Freude, gegen Eure Feinde zu ziehen. Ich wollte gleich mit, so gern ich zu Euch gehe. Auch will ich jetzt wieder fort, um bald mit fröhlicher Botschaft wiederzukehren. Mein Herr hat mir's erlaubt.

ADELHEID. Wie steht's mit ihm?

FRANZ. Er ist munter. Mir befahl er Eure Hand zu küssen.

ADELHEID. Da – deine Lippen sind warm.

FRANZ *(vor sich, auf die Brust deutend)*. Hier ist's noch wärmer! *(Laut.)* Gnädige Frau, Eure Diener sind die glücklichsten Menschen unter der Sonne.

ADELHEID. Wer führt gegen Berlichingen?

FRANZ. Baron von Sirau. Lebt wohl, beste gnädige Frau. Ich will wieder fort. Vergesst mich nicht.

ADELHEID. Du musst was essen, trinken, und rasten.

FRANZ. Wozu das? Ich hab Euch ja gesehen. Ich bin nicht müd noch hungrig.

ADELHEID. Ich kenne deine Treu.

FRANZ. Ach gnäd'ge Frau!

ADELHEID. Du hältst's nicht aus, gib dich zur Ruh, und nimm was zu dir.

FRANZ. Eure Sorgfalt für einen armen Jungen. *(Ab.)*

ADELHEID. Die Tränen stehn ihm in den Augen. Ich lieb ihn von Herzen. So wahr und warm hat noch niemand an mir gehangen. *(Ab.)*

7 **Exekutionen:** Truppen zur Durchführung einer Reichsexekution

Jagsthausen.

Götz. Georg.

GEORG. Er will selbst mit Euch sprechen. Ich kenn ihn nicht, es ist ein stattlicher Mann, mit schwarzen feurigen Augen.

GÖTZ. Bring ihn herein.

Lerse kommt.

GÖTZ. Gott grüß' Euch. Was bringt Ihr?

LERSE. Mich selbst, das ist nicht viel, doch alles was es ist biet ich Euch an.

GÖTZ. Ihr seid mir willkommen, doppelt willkommen, ein braver Mann, und zu dieser Zeit, da ich nicht hoffte neue Freunde zu gewinnen, vielmehr den Verlust der alten stündlich fürchtete. Gebt mir Euren Namen.

LERSE. Franz Lerse.

GÖTZ. Ich danke Euch Franz, daß Ihr mich mit einem braven Mann bekannt gemacht habt.

LERSE. Ich machte Euch schon einmal mit mir bekannt, aber damals danktet Ihr mir nicht dafür.

GÖTZ. Ich erinnere mich Eurer nicht.

LERSE. Es wäre mir leid. Wisst ihr noch, wie Ihr um des Pfalzgrafen willen Conrad Schotten feind wart, und nach Haßfurt auf die Fasnacht reiten wolltet?

GÖTZ. Wohl weiß ich es.

LERSE. Wisst Ihr wie Ihr unterweges bei einem Dorf fünfundzwanzig Reutern entgegenkamt?

GÖTZ. Richtig. Ich hielt sie anfangs nur für zwölfe, und teilt meinen Haufen, waren unserer sechzehn, und hielt am Dorf hinter der Scheuer, in willens sie sollten bei mir vorbeiziehen. Dann wollt ich ihnen nachrucken, wie ich's mit dem andern Haufen abgeredt hatte.

LERSE. Aber wir sahn Euch, und zogen auf eine Höhe am Dorf. Ihr zogt herbei und hieltet unten. Wie wir sahen Ihr wolltet nicht heraufkommen, ritten wir herab.

GÖTZ. Da sah ich erst dass ich mit der Hand in die Kohlen ge-

15 **braven:** hier für: mutigen, tüchtigen | 28 **Scheuer:** Scheune | 28 **in willens:** damit | 30 **abgeredt:** abgeredet: abgesprochen | 34 f. **mit der Hand ... geschlagen:** sich die Finger verbrannt, einen Fehler begangen

schlagen hatte. Fünfundzwanzig gegen acht! Da galt's kein Feiren. Erhard Truchses durchstach mir einen Knecht, dafür rannt ich ihn vom Pferde. Hätten sie sich alle gehalten wie er und ein Knecht, es wäre mein und meines kleinen Häufchens übel gewahrt gewesen.

LERSE. Der Knecht wovon Ihr sagtet –

GÖTZ. Es war der bravste den ich gesehen habe. Er setzte mir heiß zu. Wenn ich dachte ich hätt ihn von mir gebracht, wollte mit andern zu schaffen haben, war er wieder an mir, und schlug feindlich zu. Er hieb mir auch durch den Panzerärmel hindurch, dass es ein wenig gefleischt hatte.

LERSE. Habt Ihr's ihm verziehen?

GÖTZ. Er gefiel mir mehr als zu wohl.

LERSE. Nun so hoff ich dass Ihr mit mir zufrieden sein werdet, ich hab mein Probstück an Euch selbst abgelegt.

GÖTZ. Bist du's? O willkommen willkommen. Kannst du sagen Maximilian, du hast unter deinen Dienern Einen so geworben!

LERSE. Mich wundert, dass Ihr nicht eh auf mich gefallen seid.

GÖTZ. Wie sollte mir einkommen, dass der mir seine Dienste anbieten würde, der auf das Feindseligste mich zu überwältigen trachtete?

LERSE. Eben das Herr! Von Jugend auf dien ich als Reutersknecht, und hab's mit manchem Ritter aufgenommen. Da wir auf Euch stießen freut ich mich. Ich kannte Euren Namen, und da lernt ich Euch kennen. Ihr wisst ich hielt nicht stand, Ihr saht, es war nicht Furcht, denn ich kam wieder. Kurz ich lernt Euch kennen, und von Stund an beschloss ich Euch zu dienen.

GÖTZ. Wie lange wollt Ihr bei mir aushalten?

LERSE. Auf ein Jahr. Ohne Entgelt.

GÖTZ. Nein, Ihr sollt gehalten werden wie ein anderer, und drüber wie der, der mir bei Remlin zu schaffen machte.

2 **Feiren:** zögern | 11 **gefleischt:** ins Fleisch geschnitten | 19 **auf mich gefallen:** auf mich gekommen | 21 **einkommen:** einfallen | 32 **Entgelt:** Vergütung

Georg kommt.

GEORG. Hans von Selbitz lässt Euch grüßen. Morgen ist er hier mit funfzig Mann.

GÖTZ. Wohl.

GEORG. Es zieht am Kocher ein Trupp Reichsvölker herunter, ohne Zweifel Euch zu beobachten.

GÖTZ. Wie viel?

GEORG. Ihrer funfzig.

GÖTZ. Nicht mehr! Komm Lerse wir wollen sie zusammenschmeißen, wenn Selbitz kommt dass er schon ein Stück Arbeit getan findet.

LERSE. Das soll eine reichliche Vorlese werden.

GÖTZ. Zu Pferde! *(Ab.)*

Wald an einem Morast.

Zwei Reichsknechte begegnen einander.

ERSTER KNECHT. Was machst du hier?

ZWEITER KNECHT. Ich hab Urlaub gebeten meine Notdurft zu verrichten. Seit dem blinden Lärmen gestern Abends, ist mir's in die Gedärme geschlagen, dass ich alle Augenblicke vom Pferd muss.

ERSTER KNECHT. Hält der Trupp hier in der Nähe?

ZWEITER KNECHT. Wohl eine Stunde den Wald hinauf.

ERSTER KNECHT. Wie verlaufst du dich dann hieher?

ZWEITER KNECHT. Ich bitt dich verrat mich nicht. Ich will aufs nächste Dorf, und sehn ob ich nit mit warmen Überschlägen meinem Übel abhelfen kann. Wo kommst du her?

ERSTER KNECHT. Vom nächsten Dorf. Ich hab unserm Offizier Wein und Brot geholt.

ZWEITER KNECHT. So, er tut sich was zuguts vor unserm Angesicht, und wir sollen fasten! Schön Exempel.

ERSTER KNECHT. Komm mit zurück, Schurke.

ZWEITER KNECHT. Wär ich ein Narr. Es sind noch viele un-

5 **ein Trupp Reichsvölker:** Reichstruppen, Soldaten des Reichs | 9 f. **zusammenschmeißen:** zusammenschlagen | 12 **Vorlese:** urspr. der Anfang der Weinlese; hier für: Vorarbeit | 31 **fasten:** hungern

term Haufen, die gern fasteten wenn sie so weit davon wären als ich.

ERSTER KNECHT. Hörst du! Pferde!

ZWEITER KNECHT. O weh!

ERSTER KNECHT. Ich klettere auf den Baum.

ZWEITER KNECHT. Ich steck mich ins Rohr.

Götz, Lerse, Georg, Knechte zu Pferde.

GÖTZ. Hier am Teich weg und linker Hand in den Wald, so kommen wir ihnen im Rücken.
(Ziehen vorbei.)

ERSTER KNECHT *(steigt vom Baum)*. Da ist nicht gut sein. Michel! Er antwortet nicht? Michel sie sind fort! *(Er geht nach dem Sumpf.)* Michel! O weh er ist versunken. Michel! er hört mich nicht, er ist erstickt. Bist doch krepiert du Memme. – Wir sind geschlagen. Feinde überall Feinde.

Götz, Georg zu Pferde.

GÖTZ. Halt Kerl oder du bist des Tods.

KNECHT. Schont meines Lebens.

GÖTZ. Dein Schwert! Georg führ ihn zu den andern Gefangenen, die Lerse dort unten am Wald hat. Ich muss ihren flüchtigen Führer erreichen. *(Ab.)*

KNECHT. Was ist aus unserm Ritter geworden, der uns führte?

GEORG. Unterst zuoberst stürzt' ihn mein Herr vom Pferd dass der Federbusch im Kot stak. Seine Reuter huben ihn aufs Pferd und fort wie besessen. *(Ab.)*

Lager.

Hauptmann. Erster Ritter.

ERSTER RITTER. Sie fliehen von weitem dem Lager zu.

HAUPTMANN. Er wird ihnen an den Fersen sein. Lasst ein

1 f. **wenn sie so weit davon wären als ich:** wenn sie so weit weg wären wie ich | 6 **Rohr:** Unterholz, Schilf | 8 f. **so kommen wir ihnen im Rücken:** so fallen wir ihnen in den Rücken | 25 **Federbusch:** Helmschmuck | 25 **stak:** altes Präteritum von »stecken« | 25 **huben:** hoben

funfzig ausrucken bis an die Mühle, wenn er sich zu weit verliert erwischt ihr ihn vielleicht.
(Ritter ab.)

Zweiter Ritter geführt.

HAUPTMANN. Wie geht's junger Herr! Habt Ihr ein paar Zinken abgerennt?
RITTER. Dass dich die Pest! Wenn ich Hörner gehabt hätte wie ein Dannhirsch, sie wären gesplittert wie Glas. Du Teufel! Er rannt auf mich los, es war mir als wenn mich der Donner in die Erde 'nein schlüg.
HAUPTMANN. Dankt Gott dass Ihr noch davongekommen seid.
RITTER. Es ist nichts zu danken, ein paar Rippen sind entzwei. Wo ist der Feldscher? *(Ab.)*

Jagsthausen.

Götz. Selbitz.

GÖTZ. Was sagst du zu der Achtserklärung Selbitz?
SELBITZ. Es ist ein Streich von Weislingen.
GÖTZ. Meinst du!
SELBITZ. Ich meine nicht, ich weiß.
GÖTZ. Woher?
SELBITZ. Er war auf dem Reichstag sag ich dir, er war um den Kaiser.
GÖTZ. Wohl, so machen wir ihm wieder einen Anschlag zunichte.
SELBITZ. Hoff's.
GÖTZ. Wir wollen fort! und soll die Hasenjagd angehn.

1 **ausrucken:** ausrücken | 5 f. **Zinken abgerennt:** Hörner abgestoßen, verausgabt | 8 **Dannhirsch:** Damhirsch: Hirschart mit Schaufelgeweih | 14 **Feldscher:** Wundarzt | 24 **Anschlag:** Plan

Lager.

Hauptmann. Ritter.

HAUPTMANN. Dabei kommt nichts heraus ihr Herrn. Er schlägt uns ein Detaschement nach dem andern, und was nicht umkommt und gefangen wird das lauft in Gottes Namen lieber nach der Türkei als ins Lager zurück, so werden wir alle Tag schwächer. Wir müssen einmal für allemal ihm zu Leib gehen, und das mit Ernst, ich will selbst dabei sein und er soll sehn mit wem er zu tun hat.

RITTER. Wir sind's all zufrieden, nur ist er der Landsart so kundig, weiß alle Gänge und Schliche im Gebürg, dass er so wenig zu fangen ist wie eine Maus auf dem Kornboden.

HAUPTMANN. Wollen ihn schon kriegen. Erst auf Jagsthausen zu. Mag er wollen oder nicht er muss herbei sein Schloss zu verteidigen.

RITTER. Soll unser ganzer Hauf marschieren?

HAUPTMANN. Freilich! Wisst Ihr dass wir schon um hundert geschmolzen sind?

RITTER. Drum geschwind, eh der ganze Eisklumpen auftaut, es macht warm in der Nähe, und wir stehn da wie Butter an der Sonne. *(Ab.)*

Gebürg und Wald.

Götz. Selbitz. Trupp.

GÖTZ. Sie kommen mit hellem Hauf. Es war hohe Zeit dass Sickingens Reuter zu uns stießen.

SELBITZ. Wir wollen uns teilen. Ich will linker Hand um die Höhe ziehen.

GÖTZ. Gut. Und du Franz führe mir die funfzig rechts durch den Wald hinauf, sie kommen über die Heide, ich will gegen ihnen halten. Georg du bleibst um mich. Und wenn ihr seht dass sie mich angreifen, so fallt ungesäumt in die Seiten. Wir wollen sie patschen. Sie denken nicht dass wir ihnen die Spitze bieten können. *(Ab.)*

4 **Detaschement:** Detachement: kleinere Abteilung von Soldaten | 10 **Landsart:** Landschaft | 24 **mit hellem Hauf:** mit dem Haupttrupp

Heide.
Auf der einen Seite eine Höhe, auf der andern Wald.

Hauptmann. Exekutionszug.

HAUPTMANN. Er hält auf der Heide! Das ist impertinent. Er soll's büßen. Was! Den Strom nicht zu fürchten der auf ihn losbraust.
RITTER. Ich wollt' nicht dass Ihr an der Spitze rittet, er hat das Ansehn als ob er den Ersten der ihn anstoßen möchte umgekehrt in die Erde pflanzen wollte. Reitet hintendrein.
HAUPTMANN. Nicht gern.
RITTER. Ich bitt Euch. Ihr seid noch der Knoten von diesem Bündel Haselruten, löst ihn auf, so knickt er sie Euch einzeln wie Riedgras.
HAUPTMANN. Trompeter blas! Und ihr blast ihn weg. *(Ab.)*

Selbitz hinter der Höhe hervor im Galopp.

SELBITZ. Mir nach! Sie sollen zu ihren Händen rufen: multipliziert euch. *(Ab.)*

Lerse aus dem Wald.

LERSE. Götzen zu Hülf! Er ist fast umringt. Braver Selbitz, du hast schon Luft gemacht. Wir wollen die Heide mit ihren Distelköpfen besäen. *(Vorbei.)*
(Getümmel.)

Eine Höhe mit einem Wartturn.

Selbitz verwundet. Knechte.

SELBITZ. Legt mich hieher und kehrt zu Götzen.
ERSTER KNECHT. Lasst uns bleiben, Herr, Ihr braucht unser.
SELBITZ. Steig' einer auf die Warte und seh' wie's geht.
ERSTER KNECHT. Wie will ich hinaufkommen?
ZWEITER KNECHT. Steig auf meine Schultern da kannst du die Lücke reichen, und dir bis zur Öffnung hinaufhelfen.

4 **impertinent:** unverschämt | 7 f. **er hat das Ansehn:** er sieht so aus | 12 **Haselruten:** Gehölz des Haselstrauchs | 13 **Riedgras:** krautiges Gewächs | 21 **Distelköpfen:** abwertend für: Köpfen der Feinde | 30 **Lücke:** hier: Luke

ERSTER KNECHT *(steigt hinauf).* Ach Herr!

SELBITZ. Was siehest du?

ERSTER KNECHT. Eure Reuter fliehen. Der Höhe zu.

SELBITZ. Höllische Schurken! Ich wollt' sie stünden und ich hätt eine Kugel vorm Kopf. Reit' einer hin, und fluch' und wetter' sie zurück. *(Knecht ab.)* Siehest du Götzen?

KNECHT. Die drei schwarze Federn seh ich mitten im Getümmel.

SELBITZ. Schwimm braver Schwimmer. Ich liege hier!

KNECHT. Ein weißer Federbusch, wer ist das?

SELBITZ. Der Hauptmann.

KNECHT. Götz drängt sich an ihn – Bau! Er stürzt.

SELBITZ. Der Hauptmann?

KNECHT. Ja Herr.

SELBITZ. Wohl! Wohl!

KNECHT. Weh! Weh! Götzen seh ich nicht mehr.

SELBITZ. So stirb Selbitz.

KNECHT. Ein fürchterlich Gedräng wo er stund. Georgs blauer Busch verschwindt auch.

SELBITZ. Komm herunter. Siehst du Lersen nicht?

KNECHT. Nichts. Es geht alles drunter und drüber.

SELBITZ. Nichts mehr. Komm! Wie halten sich Sickingens Reuter?

KNECHT. Gut. – Da flieht einer nach dem Wald. Noch einer! Ein ganzer Trupp. Götz ist hin.

SELBITZ. Komm herab.

KNECHT. Ich kann nicht. – Wohl! Wohl! Ich sehe Götzen! Ich sehe Georgen!

SELBITZ. Zu Pferd?

KNECHT. Hoch zu Pferd! Sieg! Sieg! Sie fliehn.

SELBITZ. Die Reichstruppen?

KNECHT. Die Fahne mittendrin, Götz hintendrein. Sie zerstreuen sich. Götz erreicht den Fähndrich – Er hat die Fahn – Er hält. Eine Handvoll Menschen um ihn herum. Mein Kamerad erreicht ihn – Sie ziehn herauf.

4 f. **Ich wollt' sie stünden und ich hätt eine Kugel vorm Kopf:** im Sinne von: Besser sie würden standhalten und ich wär tot | 12 **Bau!:** (überraschter Ausruf) etwa wie: Wow! | 32 f. **zerstreuen sich:** laufen auseinander | 33 **Fähndrich:** Fähnrich, Fahnenträger

Götz. Georg. Lerse. Ein Trupp.

SELBITZ. Glück zu! Götz. Sieg! Sieg!

GÖTZ *(steigt vom Pferd).* Teuer! Teuer! Du bist verwundt Selbitz.

SELBITZ. Du lebst und siegst! Ich hab wenig getan. Und meine Hunde von Reutern! Wie bist du davongekommen?

GÖTZ. Diesmal galt's! Und hier Georgen dank ich das Leben und hier Lersen dank ich's. Ich warf den Hauptmann vom Gaul. Sie stachen mein Pferd nieder und drangen auf mich ein, Georg hieb sich zu mir und sprang ab, ich wie der Blitz auf seinem Gaul, wie der Donner saß er auch wieder. Wie kamst du zum Pferd?

GEORG. Einem der nach Euch hieb, stieß ich meinen Dolch in die Gedärme, wie sich sein Harnisch in die Höhe zog. Er stürzt', und ich half Euch von einem Feind und mir zu einem Pferde.

GÖTZ. Nun staken wir, bis Franz sich zu uns hereinschlug, und da mähten wir von innen heraus.

LERSE. Die Hunde die ich führte sollten von außen hineinmähen bis sich unsere Sensen begegnet hätten, aber sie flohen wie Reichsknechte.

GÖTZ. Es flohe Freund und Feind. Nur du kleiner Hauf hieltst mir den Rücken frei, ich hatte mit den Kerls vor mir nur gnug zu tun. Der Fall ihres Hauptmanns half mir sie schütteln, und sie flohen. Ich habe ihre Fahne und wenig Gefangene.

SELBITZ. Der Hauptmann ist Euch entwischt?

GÖTZ. Sie hatten ihn inzwischen gerettet. Kommt ihr Kinder kommt! Selbitz! – Macht eine Bahre von Ästen, du kannst nicht aufs Pferd. Kommt in mein Schloss. Sie sind zerstreut. Aber unserer sind wenig, und ich weiß nicht ob sie Truppen nachzuschicken haben. Ich will euch bewirten meine Freunde. Ein Glas Wein schmeckt auf so einen Strauß.

3 **Teuer! Teuer!:** Der Sieg ist teuer erkauft (nämlich mit Selbitz' Verwundung) | 17 **staken wir:** steckten wir | 18 **mähten:** töteten | 25 **schütteln:** hier für: hin und her scheuchen | 34 **Strauß:** hier für: Kampf

Lager.

Hauptmann.

HAUPTMANN. Ich möcht euch alle mit eigener Hand umbringen, ihr Tausendsackerment. Was, fortzulaufen! Er hatte keine Handvoll Leute mehr! Fortzulaufen wie die Scheißkerle! Vor Einem Mann. Es wird's niemand glauben, als wer über uns zu lachen Lust hat. – Reit herum, ihr, und ihr, und ihr. Wo ihr von unsern zerstreuten Knechten findt, bringt sie zurück oder stecht sie nieder. Wir müssen diese Scharten auswetzen, und wenn die Klingen drüber zugrund gehen sollten.

Jagsthausen.

Götz. Lerse. Georg.

GÖTZ. Wir dürfen keinen Augenblick säumen! Arme Jungens, ich darf euch keine Rast gönnen. Jagt geschwind herum und sucht noch Reuter aufzutreiben. Bestellt sie alle nach Weilern, da sind sie am sichersten. Wenn wir zögern so ziehen sie mir vors Schloss. *(Die zwei ab.)* Ich muss einen auf Kundschaft ausjagen. Es fängt an heiß zu werden, und wann es nur noch brave Kerls wären, aber so ist's die Menge. *(Ab.)*

Sickingen. Maria.

MARIA. Ich bitte Euch lieber Sickingen, geht nicht von meinem Bruder! Seine Reuter, Selbitzens, Eure, sind zerstreut, er ist allein, Selbitz ist verwundet auf sein Schloss gebracht, und ich fürchte alles.

SICKINGEN. Seid ruhig ich gehe nicht weg.

Götz kommt.

GÖTZ. Kommt in die Kirch, der Pater wartet. Ihr sollt mir in einer viertel Stund ein Paar sein.

SICKINGEN. Lasst mich hier.

4 **Tausendsackerment:** (auch) gesteigerter Fluch; abgeleitet vom christl. »Sakrament« | 17 **Weilern:** kleine Wohnsiedlungen | 19 **ausjagen:** aussenden

GÖTZ. In die Kirch sollt Ihr jetzt.
SICKINGEN. Gern – und darnach?
GÖTZ. Darnach sollt Ihr Eurer Wege gehn.
SICKINGEN. Götz!
GÖTZ. Wollt Ihr nicht in die Kirche?
SICKINGEN. Kommt kommt.

Lager.

Hauptmann. Ritter

HAUPTMANN. Wie viel sind's in allem?
RITTER. Hundertundfunfzig.
HAUPTMANN. Von vierhunderten! Das ist arg. Jetzt gleich auf und grad gegen Jagsthausen zu, eh er sich erholt und sich uns wieder in Weg stellt.

Jagsthausen.

Götz. Elisabeth. Maria. Sickingen.

GÖTZ. Gott segne euch, geb' euch glückliche Tage, und behalte die die er euch abzieht für eure Kinder.
ELISABETH. Und die lass' er sein wie ihr seid: Rechtschaffen! Und dann lasst sie werden was sie wollen.
SICKINGEN. Ich dank euch. Und dank Euch Maria. Ich führte Euch an den Altar, und Ihr sollt mich zur Glückseligkeit führen.
MARIA. Wir wollen zusammen eine Pilgrimschaft nach diesem fremden gelobten Lande antreten.
GÖTZ. Glück auf die Reise.
MARIA. So ist's nicht gemeint, wir verlassen Euch nicht.
GÖTZ. Ihr sollt Schwester.
MARIA. Du bist sehr unbarmherzig, Bruder.
GÖTZ. Und Ihr zärtlicher als vorsehend.

11 **arg:** schlimm | 23 **Pilgrimschaft:** Pilgerschaft | 29 **vorsehend:** vorausschauend

Georg kommt.

GEORG *(heimlich).* Ich kann niemand auftreiben. Ein Einziger war geneigt, darnach veränderte er sich und wollte nicht.

GÖTZ. Gut Georg. Das Glück fängt an launisch mit mir zu werden. Ich ahndet es. Sickingen ich bitte Euch geht noch diesen Abend. Beredet Marie. Sie ist Eure Frau. Lasst sie's fühlen. Wenn Weiber quer in unsere Unternehmungen treten, ist unser Feind im freien Feld sichrer als sonst in der Burg.

Knecht kommt.

KNECHT *(leise).* Herr, das Reichsfähnlein ist auf dem Marsch, grad hieher, sehr schnell.

GÖTZ. Ich hab sie mit Rutenstreichen geweckt! Wie viel sind ihrer?

KNECHT. Ohngefähr zweihundert. Sie können nicht zwei Stunden mehr von hier sein.

GÖTZ. Noch überm Fluss?

KNECHT. Ja Herr.

GÖTZ. Wenn ich nur funfzig Mann hätte, sie sollten mir nicht herüber. Hast du Lersen nicht gesehen?

KNECHT. Nein Herr.

GÖTZ. Biet allen sie sollen sich bereithalten. – Es muss geschieden sein meine Lieben. Weine meine gute Marie, es werden Augenblicke kommen wo du dich freuen wirst. Es ist besser du weinst deinen Hochzeittag, als dass übergroße Freude der Vorbote künftigen Elends wäre. Lebt wohl Marie. Lebt wohl Bruder.

MARIA. Ich kann nicht von Euch Schwester. Lieber Bruder lass uns. Achtest du meinen Mann so wenig, dass du in dieser Extremität seine Hülfe verschmähst?

GÖTZ. Ja, es ist weit mit mir kommen. Vielleicht bin ich meinem Sturze nahe. Ihr beginnt heut zu leben, und ihr sollt euch von meinem Schicksal trennen. Ich hab eure Pferde zu sattlen befohlen. Ihr müsst gleich fort.

MARIA. Bruder! Bruder!

3 **war geneigt:** erklärte sich bereit | 5 **ahndet:** ahnte | 15 **Ohngefähr:** ungefähr | 30 **Extremität:** hier für: außerordentliche Gefahrenlage

ELISABETH *(zu Sickingen).* Gebt ihm nach! Geht.

SICKINGEN. Liebe Marie, lasst uns gehen.

MARIA. Du auch. Mein Herz wird brechen.

GÖTZ. So bleib denn. In wenigen Stunden wird meine Burg umringt sein.

MARIA. Weh! Weh!

GÖTZ. Wir werden uns verteidigen so gut wir können.

MARIA. Mutter Gottes hab Erbarmen mit uns!

GÖTZ. Und am Ende werden wir sterben, oder uns ergeben. – Du wirst deinen edlen Mann, mit mir in ein Schicksal geweint haben.

MARIA. Du marterst mich.

GÖTZ. Bleib! Bleib! Wir werden zusammen gefangen werden. Sickingen, du wirst mit mir in die Grube fallen! Ich hoffte du solltest mir heraushelfen.

MARIA. Wir wollen fort. Schwester. Schwester.

GÖTZ. Bringt sie in Sicherheit, und dann erinnert Euch meiner.

SICKINGEN. Ich will ihr Bett nicht besteigen, bis ich Euch außer Gefahr weiß.

GÖTZ. Schwester – liebe Schwester! *(Er küsst sie.)*

SICKINGEN. Fort fort!

GÖTZ. Noch einen Augenblick – Ich seh Euch wieder. Tröstet Euch. Wir sehn uns wieder.
(Sickingen, Maria ab.)

GÖTZ. Ich trieb sie, und da sie geht möcht ich sie halten. Elisabeth du bleibst bei mir!

ELISABETH. Bis in den Tod. *(Ab.)*

GÖTZ. Wen Gott lieb hat, dem geb' er so eine Frau.

Georg kommt.

GEORG. Sie sind in der Nähe, ich habe sie vom Turm gesehen. Die Sonne ging auf und ich sah ihre Piken blinken. Als ich sie sah, wollt mir's nicht bänger werden, als einer Katze vor einer Armee Mäuse. Zwar wir spielen die Ratten.

GÖTZ. Seht nach den Torriegeln. Verrammelt's inwendig mit

32 Piken: Stangenwaffen von Fußsoldaten | **33 bänger:** mulmiger, ängstlicher | **35 inwendig:** von innen

Balken und Steinen. *(Georg ab.)* Wir wollen ihre Geduld für'n Narren halten. Und ihre Tapferkeit, sollen sie mir an ihren eigenen Nägeln verkäuen. *(Trompeter von außen.)* Aha! ein rotröckiger Schurke, der uns die Frage vorlegen wird, ob wir Hundsfütter sein wollen. *(Er geht ans Fenster.)* Was soll's?

(Man hört in der Ferne reden.)

GÖTZ *(in seinen Bart).* Einen Strick um deinen Hals.

(Trompeter redet fort.)

GÖTZ. Beleidiger der Majestät! Die Aufforderung hat ein Pfaff gemacht.

(Trompeter endet.)

GÖTZ *(antwortet).* Mich ergeben! Auf Gnad und Ungnad! Mit wem redet Ihr! Bin ich ein Räuber! Sag deinem Hauptmann: Vor Ihro Kaiserliche Majestät, hab ich, wie immer schuldigen Respekt. Er aber, sag's ihm, er kann mich im Arsch lecken. *(Schmeißt das Fenster zu.)* ↗

Belagerung. Küche.

Elisabeth. Götz zu ihr.

GÖTZ. Du hast viel Arbeit arme Frau.

ELISABETH. Ich woll't ich hätte sie lang. Wir werden schwerlich lang aushalten können.

GÖTZ. Wir hatten nicht Zeit uns zu versehen.

ELISABETH. Und die vielen Leute die Ihr zeither gespeist habt. Mit dem Wein sind wir auch schon auf der Neige.

GÖTZ. Wenn wir nur auf einen gewissen Punkt halten, dass sie Kapitulation vorschlagen. Wir tun ihnen brav Abbruch. Sie schießen den ganzen Tag und verwunden unsere Mauern und knicken unsere Scheiben. Lerse ist ein braver Kerl, er schleicht mit seiner Büchse herum, wo sich einer zu nahe wagt blaff liegt er.

KNECHT. Kohlen gnädige Frau.

GÖTZ. Was gibt's?

2 **für'n Narren:** zum Narren | 3 **verkäuen:** zerkauen | 23 **uns zu versehen:** uns zu versorgen | 24 **gespeist:** versorgt | 26 **auf einen gewissen Punkt halten:** bis zu einem gewissen Punkt aushalten | 27 f. **tun ihnen brav Abbruch:** fügen ihnen tüchtig Schaden zu | 30 **Büchse:** Gewehr | 31 **blaff:** (lautmalerisch) peng; zack | 32 **Kohlen:** um Kugeln zu gießen

KNECHT. Die Kugeln sind all, wir wollen neue gießen.
GÖTZ. Wie steht's Pulver?
KNECHT. So ziemlich. Wir sparen unsere Schüsse wohl aus.

Saal.

Lerse mit einer Kugelform. Knecht mit Kohlen.

LERSE. Stellt sie daher, und seht wo ihr im Haus Blei kriegt. Inzwischen will ich hier zugreifen. *(Hebt ein Fenster aus und schlägt die Scheiben ein.)* Alle Vorteile gelten. – So geht's in der Welt, weiß kein Mensch was aus den Dingen werden kann. Der Glaser der die Scheiben fasste, dachte gewiss nicht dass das Blei einem seiner Urenkel garstiges Kopfweh machen könnte, und da mich mein Vater machte, dachte er nicht welcher Vogel unter dem Himmel, welcher Wurm auf der Erde mich fressen möchte.

Georg kommt mit einer Dachrinne.

GEORG. Da hast du Blei. Wenn du nur mit der Hälfte triffst, so entgeht keiner der Ihro Majestät ansagen kann: Herr wir haben uns prostituiert.
LERSE *(haut davon)*. Ein brav Stück.
GEORG. Der Regen mag sich einen andern Weg suchen, ich bin nicht bang davor, ein braver Reuter und ein rechter Regen mangeln nie eines Pfads.
LERSE *(er gießt)*. Halt den Löffel. *(Er geht ans Fenster.)* Da zieht so ein Reichsmusje mit der Büchse herum, sie denken wir haben uns verschossen. Er soll die Kugel versuchen warm, wie sie aus der Pfanne kommt. *(Er lädt.)*
GEORG *(lehnt den Löffel an)*. Lass mich sehn.
LERSE *(schießt)*. Da liegt der Spatz.
GEORG. Der schoss vorhin nach mir, *(sie gießen)* wie ich zum Dachfenster hinausstieg, und die Rinne holen wollte. Er traf eine Taube die nicht weit von mir saß, sie stürzt' in die

3 **So ziemlich:** Geht so | 3 **sparen … aus:** sparen … auf | 18 **prostituiert:** hier im Sinne von: schlecht bestanden | 24 **Reichsmusje:** Musje: (abwertend für) Mann, Typ (von frz. *monsieur* ›Herr‹)

Rinne, ich dankt ihm für den Braten und stieg mit der doppelten Beute wieder herein.

LERSE. Nun wollen wir wohl laden, und im ganzen Schloss herumgehen, unser Mittagessen verdienen.

Götz kommt.

GÖTZ. Bleib Lerse. Ich hab mit dir zu reden! Dich Georg will ich nicht von der Jagd abhalten.
(Georg ab.)

GÖTZ. Sie entbieten mir einen Vertrag.

LERSE. Ich will zu ihnen hinaus, und hören was es soll.

GÖTZ. Es wird sein: ich soll mich auf Bedingungen in ritterlich Gefängnis stellen.

LERSE. Das ist nichts. Wie wär's, wenn sie uns freien Abzug eingestünden, da Ihr doch von Sickingen keinen Entsatz erwartet? Wir vergrüben Geld und Silber, wo sie's mit keinen Wünschelruten finden sollten, überließen ihnen das Schloss, und kämen mit Manier davon.

GÖTZ. Sie lassen uns nicht.

LERSE. Es kommt auf eine Prob an. Wir wollen um sicher Geleit rufen, und ich will hinaus. *(Ab.)*

Saal.

Götz, Elisabeth, Georg, Knechte bei Tisch.

GÖTZ. So bringt uns die Gefahr zusammen. Lasst's euch schmecken meine Freunde! Vergesst das Trinken nicht. Die Flasche ist leer. Noch eine, liebe Frau. *(Elisabeth zückt die Achsel.)* Ist keine mehr da?

ELISABETH *(leise)*. Noch eine, ich hab sie für dich beiseit gesetzt.

GÖTZ. Nicht doch Liebe! Gib sie heraus. Sie brauchen Stärkung, nicht ich, es ist ja meine Sache.

ELISABETH. Holt sie draußen im Schrank!

GÖTZ. Es ist die letzte. Und mir ist's als ob wir nicht zu spa-

9 **entbieten:** anbieten | 14 **Entsatz:** militär. Operation, bei der durch Belagerung Eingeschlossenen von außen geholfen wird | 17 **mit Manier:** mit Stil, ehrbar

ren Ursach hätten. Ich bin lang nicht so vergnügt gewesen. *(Er schenkt ein.)* Es lebe der Kaiser!

ALLE. Er lebe.

GÖTZ. Das soll unser vorletztes Wort sein, wenn wir sterben. Ich lieb ihn, denn wir haben einerlei Schicksal. Und ich bin noch glücklicher als er. Er muss den Reichsständen die Mäuse fangen, inzwischen die Ratten seine Besitztümer annagen. Ich weiß er wünscht sich manchmal lieber tot, als länger die Seele eines so krüpplichen Körpers zu sein. *(Schenkt ein.)* Es geht just noch einmal herum. Und wenn unser Blut anfängt auf die Neige zu gehen, wie der Wein in dieser Flasche erst schwach, dann tropfenweise rinnt. *(Er tröpfelt das Letzte in sein Glas.)* Was soll unser letztes Wort sein?

GEORG. Es lebe die Freiheit!

GÖTZ. Es lebe die Freiheit!

ALLE. Es lebe die Freiheit!

GÖTZ. Und wenn die uns überlebt können wir ruhig sterben. Denn wir sehen im Geist unsere Enkel glücklich, und die Kaiser unsrer Enkel glücklich. Wenn die Diener der Fürsten so edel und frei dienen wie ihr mir, wenn die Fürsten dem Kaiser dienen wie ich ihm dienen möchte.

GEORG. Da müsst's viel anders werden.

GÖTZ. So viel nicht als es scheinen möchte. Hab ich nicht unter den Fürsten treffliche Menschen gekannt, und sollte das Geschlecht ausgestorben sein? Gute Menschen, die in sich und ihren Untertanen glücklich waren. Die einen edlen freien Nachbar neben sich leiden konnten, und ihn weder fürchteten noch beneideten. Denen das Herz aufging, wenn sie viel ihresgleichen bei sich zu Tisch sahen, und nicht erst die Ritter zu Hofschranzen umzuschaffen brauchten um mit ihnen zu leben.

GEORG. Habt Ihr solche Herrn gekannt?

GÖTZ. Wohl. Ich erinnere mich zeitlebens, wie der Landgraf von Hanau eine Jagd gab, und die Fürsten und Herrn die zugegen waren unter freiem Himmel speisten, und das

5 **einerlei:** dasselbe | 9 **krüpplichen:** verkrüppelten | 10 **just:** jetzt, gerade | 11 **auf die Neige:** zur Neige | 26 **Geschlecht:** Typus, Art | 28 **leiden:** dulden

Landvolk all herbeilief sie zu sehen. Das war keine Maskerade die er sich selbst zu Ehren angestellt hatte. Aber die vollen runden Köpfe der Burschen und Mädels die roten Backen alle, und die wohlhäbigen Männer und stattlichen Greise, und alles fröhliche Gesichter, und wie sie teilnahmen an der Herrlichkeit ihres Herrn, der auf Gottes Boden unter ihnen sich ergötzte.

GEORG. Das war ein Herr, vollkommen wie Ihr.

GÖTZ. Sollten wir nicht hoffen, dass mehr solcher Fürsten auf einmal herrschen können, und Verehrung des Kaisers, Fried und Freundschaft der Nachbarn, und der Untertanen Lieb, der kostbarste Familienschatz sein wird der auf Enkel und Urenkel erbt? Jeder würde das Seinige erhalten und in sich selbst vermehren, statt dass sie jetzo nicht zuzunehmen glauben, wenn sie nicht andere verderben.

GEORG. Würden wir hernach auch reiten?

GÖTZ. Wollte Gott es gäbe keine unruhige Köpfe in ganz Deutschland, wir würden deswegen noch zu tun genug finden. Wir wollten die Gebürge von Wölfen säubern, wollten unserm ruhig ackernden Nachbar einen Braten aus dem Wald holen, und dafür die Suppe mit ihm essen. Wär uns das nicht genug, wir wollten uns mit unsern Brüdern gleich Cherubs mit flammenden Schwerten, vor die Grenzen des Reichs gegen die Wölfe die Türken, gegen die Füchse die Franzosen lagern, und zugleich unsers teuern Kaisers sehr ausgesetzte Länder und die Ruhe des Ganzen beschützen. Das wäre ein Leben Georg! wenn man seine Haut vor die allgemeine Glückseligkeit setzte. *(Georg springt auf.)* Wo willst du hin?

GEORG. Ach ich vergaß dass wir eingesperrt sind. – Und der Kaiser hat uns eingesperrt – und unsere Haut davonzubringen, setzen wir unsere Haut dran!

GÖTZ. Sei gutes Muts.

4 **wohlhäbigen:** wohlhabenden, behaglichen (in übertragenem Sinne »satten«) | 7 **sich ergötzte:** sich erfreute | 12 f. **der auf Enkel und Urenkel erbt:** der Enkel und Urenkel vererbt wird | 15 **verderben:** hier für: ruinieren | 23 **Cherubs:** himmlische Wächter in der Bibel | 28 **vor … setzte:** für … einsetzte

Lerse kommt.

LERSE. Freiheit! Freiheit! Das sind schlechte Menschen, unschlüssige bedächtige Esel. Ihr sollt abziehen, mit Gewehr, Pferden und Rüstung. Proviant sollt Ihr dahinten lassen.
GÖTZ. Sie werden sich kein Zahnweh dran kauen.
LERSE *(heimlich).* Habt Ihr das Silber versteckt?
GÖTZ. Nein! Frau geh mit Franzen er hat dir was zu sagen.

Schlosshof.

Georg im Stall singt.

GEORG. Es fing ein Knab ein Vögelein.
Hḿ! Hḿ!
Da lacht' er in den Käfig 'nein
Hm! Hm!
So! So!
Hḿ! Hḿ!

Der freut' sich traun so läppisch
Hḿ! Hḿ!
Und griff hinein so täppisch,
Hm! Hm!
So! So!
Hḿ! Hḿ!

Da flog das Meislein auf ein Haus
Hḿ! Hḿ!
Und lacht' den dummen Buben aus
Hm! Hm!
So! So!
Hḿ! Hḿ!

GÖTZ. Wie steht's?
GEORG *(führt sein Pferd heraus).* Sie sind gesattelt.
GÖTZ. Du bist fix.
GEORG. Wie der Vogel aus dem Käfig.

16 **Der freut' sich traun so läppisch:** Der freute sich wahrhaftig so kindisch | 18 **täppisch:** ungeschickt

Alle die Belagerte.

GÖTZ. Ihr habt eure Büchsen. Nicht doch! Geht hinauf und nehmt die besten aus dem Rüstschrank, es geht in einem hin. Wir wollen vorausreiten.

GEORG. Hm! Hm!
Hm! Hm!
So! So!
Hḿ! Hḿ! *(Ab.)*

Saal.

Zwei Knechte am Rüstschrank.

ERSTER KNECHT. Ich nehm die.

ZWEITER KNECHT. Ich die. Da ist noch eine schönere.

ERSTER KNECHT. Nicht doch. Mach dass du fortkommst.

ZWEITER KNECHT. Horch!

ERSTER KNECHT *(springt ans Fenster)*. Hilf heiliger Gott! sie ermorden unsern Herrn. Er liegt vom Pferd! Georg stürzt!

ZWEITER KNECHT. Wo retten wir uns! An der Mauer den Nussbaum hinunter ins Feld. *(Ab.)*

ERSTER KNECHT. Franz hält sich noch, ich will zu ihm. Wenn sie sterben mag ich nicht leben. *(Ab.)*

2 **Büchsen:** Gewehre | 3 **Rüstschrank:** Waffenschrank | 16 **Er liegt vom Pferd:** Er fällt vom Pferd

Vierter Akt

Wirtshaus zu Heilbronn.

Götz.

GÖTZ. Ich komme mir vor wie der böse Geist, den der Kapuziner in einen Sack beschwur. Ich arbeite mich ab und fruchte mir nichts. Die Meineidigen!

Elisabeth kommt.

GÖTZ. Was für Nachrichten Elisabeth von meinen lieben Getreuen?

ELISABETH. Nichts Gewisses. Einige sind erstochen, einige liegen im Turn. Es konnte oder wollte niemand mir sie näher bezeichnen.

GÖTZ. Ist das Belohnung der Treue! Der kindlichsten Ergebenheit? – Auf dass dir's wohl gehe, und du lang lebest auf Erden!

ELISABETH. Lieber Mann, schilt unsern himmlischen Vater nicht. Sie haben ihren Lohn, er ward mit ihnen geboren, ein freies edles Herz. Lass sie gefangen sein, sie sind frei! Gib auf die deputierten Räte acht, die großen goldnen Ketten stehn ihnen zu Gesicht. –

GÖTZ. Wie dem Schwein das Halsband. Ich möchte Georgen und Franzen geschlossen sehn!

ELISABETH. Es wäre ein Anblick um Engel weinen zu machen.

GÖTZ. Ich wollt' nicht weinen. Ich wollte die Zähne zusammenbeißen, und an meinem Grimm kauen. In Ketten meine Augäpfel! Ihr lieben Jungen hättet ihr mich nicht geliebt! – Ich würde mich nicht satt an ihnen sehen können. – Im Namen des Kaisers ihr Wort nicht zu halten!

ELISABETH. Entschlagt Euch dieser Gedanken. Bedenkt dass Ihr vor den Räten erscheinen sollt. Ihr seid nicht gestellt ihnen wohl zu begegnen, und ich fürchte alles.

6 **fruchte mir nichts:** es nützt mir nichts | 6 **Meineidigen:** Eidbrüchigen | 19 **deputierten:** entsandten | 22 **geschlossen:** in Fesseln, in Eisen | 26 **Grimm:** Ärger | 30 **Entschlagt … Gedanken:** Schlagt Euch diese Gedanken aus dem Kopf | 31 **gestellt:** in der Stimmung

GÖTZ. Was wollen sie mir anhaben?

ELISABETH. Der Gerichtsbote!

GÖTZ. Esel der Gerechtigkeit! Schleppt ihre Säcke zur Mühle, und ihren Kehrig aufs Feld. Was gibt's?

Gerichtsdiener kommt.

GERICHTSDIENER. Die Herrn Commissarii sind auf dem Rathause versammlet, und schicken nach Euch.

GÖTZ. Ich komme.

GERICHTSDIENER. Ich werde Euch begleiten.

GÖTZ. Viel Ehre.

ELISABETH. Mäßigt Euch.

GÖTZ. Sei außer Sorgen. *(Ab.)*

Rathaus.

Kaiserliche Räte. Hauptmann. Ratsherrn von Heilbronn.

RATSHERR. Wir haben auf Euern Befehl die stärksten und tapfersten Bürger versammlet, sie warten hier in der Nähe auf Euern Wink um sich Berlichingens zu bemeistern.

ERSTER RAT. Wir werden Ihro Kaiserliche Majestät Eure Bereitwilligkeit Ihrem hohen Befehl zu gehorchen, mit vielem Vergnügen zu rühmen wissen. – Es sind Handwerker?

RATSHERR. Schmiede, Weinschröter, Zimmerleute, Männer mit geübten Fäusten und hier wohl beschlagen. *(Auf die Brust deutend.)*

RAT. Wohl.

Gerichtsdiener kommt.

GERICHTSDIENER. Götz von Berlichingen wartet vor der Tür.

RAT. Lasst ihn herein.

Götz kommt.

GÖTZ. Gott grüß' euch ihr Herrn, was wollt ihr mit mir?

RAT. Zuerst dass Ihr bedenkt: wo Ihr seid? und vor wem?

4 **Kehrig:** Kehricht: Müll, Dreck | 6 **Commissarii:** (lat.) Beauftragte, Amtsträger | 18 **zu bemeistern:** zu bemächtigen | 22 **Weinschröter:** Weintransporteure | 23 **beschlagen:** gut ausgebildet, kräftig

GÖTZ. Bei meinem Eid, ich verkenn euch nicht meine Herrn.

RAT. Ihr tut Eure Schuldigkeit.

GÖTZ. Von ganzem Herzen.

RAT. Setzt Euch.

GÖTZ. Da unten hin! Ich kann stehn. Das Stühlchen riecht so nach armen Sündern, wie überhaupt die ganze Stube.

RAT. So steht!

GÖTZ. Zur Sache wenn's gefällig ist.

RAT. Wir werden in der Ordnung verfahren.

GÖTZ. Bin's wohl zufrieden, wollt' es wär von jeher geschehen.

RAT. Ihr wisst wie Ihr auf Gnad und Ungnad in unsere Hände kamt.

GÖTZ. Was gebt Ihr mir? wenn ich's vergesse.

RAT. Wenn ich Euch Bescheidenheit geben könnte, würd ich Eure Sache gut machen.

GÖTZ. Gut machen! Wenn Ihr das könntet! Darzu gehört freilich mehr als zum Verderben.

SCHREIBER. Soll ich das all protokollieren?

RAT. Was zur Handlung gehört.

GÖTZ. Meintwegen dürft Ihr's drucken lassen.

RAT. Ihr wart in der Gewalt des Kaisers, dessen väterliche Gnade an den Platz der majestätischen Gerechtigkeit trat, Euch anstatt eines Kerkers Heilbronn eine seiner geliebten Städte zum Aufenthalt anwies. Ihr verspracht mit einem Eid Euch wie es einem Ritter geziemt zu stellen, und das Weitere demütig zu erwarten.

GÖTZ. Wohl, und ich bin hier und warte.

RAT. Und wir sind hier Euch Ihro Kaiserlichen Majestät Gnade und Huld zu verkündigen. Sie verzeiht Euch Eure Übertretungen, spricht Euch von der Acht und aller wohlverdienten Strafe los, welches Ihr mit untertänigem Dank erkennen, und dagegen die Urfehde abschwören werdet, welche Euch hiermit vorgelesen werden soll.

GÖTZ. Ich bin Ihro Majestät treuer Knecht wie immer. Noch

1 **verkenn euch nicht:** kenne euch | 3 **Schuldigkeit:** Pflicht | 9 **wenn's gefällig ist:** wenn's Ihnen passt | 18 **Darzu:** Dazu | 27 **wie es einem Ritter geziemt:** wie es sich für einen Ritter gehört

ein Wort eh Ihr weitergeht. Meine Leute, wo sind die? Was soll mit ihnen werden?

RAT. Das geht Euch nichts an.

GÖTZ. So wende der Kaiser sein Angesicht von euch wenn ihr in Not steckt. Sie waren meine Gesellen, und sind's. Wo habt ihr sie hingebracht?

RAT. Wir sind Euch davon keine Rechnung schuldig.

GÖTZ. Ah! Ich dachte nicht, dass ihr nicht einmal zu dem verbunden seid was ihr versprecht, geschweige –

RAT. Unsere Kommission ist Euch die Urfehde vorzulegen. Unterwerft Euch dem Kaiser, und Ihr werdet einen Weg finden um Eurer Gesellen Leben und Freiheit zu flehen.

GÖTZ. Euern Zettel!

RAT. Schreiber lest.

SCHREIBER. Ich Götz von Berlichingen bekenne öffentlich durch diesen Brief: Dass da ich mich neulich gegen Kaiser und Reich rebellischerweise aufgelehnt –

GÖTZ. Das ist nicht wahr. Ich bin kein Rebell, habe gegen Ihro Kaiserliche Majestät nichts verbrochen, und das Reich geht mich nichts an.

RAT. Mäßigt Euch und hört weiter.

GÖTZ. Ich will nichts weiter hören. Tret' einer auf, und zeug'! Hab ich wider den Kaiser, wider das Haus Österreich nur einen Schritt getan! Hab ich nicht von jeher durch alle Handlungen gewiesen, dass ich besser als einer fühle was Deutschland seinem Regenten schuldig ist, und besonders was die Kleinen, die Ritter und Freien ihrem Kaiser schuldig sind? Ich müsste ein Schurke sein wenn ich mich könnte überreden lassen das zu unterschreiben.

RAT. Und doch haben wir gemessene Ordre Euch in der Güte zu überreden, oder im Entstehungsfall Euch in den Turn zu werfen.

GÖTZ. In Turn! Mich!

RAT. Und daselbst könnt Ihr Euer Schicksal von der Gerechtigkeit erwarten, wenn Ihr es nicht aus den Händen der Gnade empfangen wollt.

12 **flehen:** bitten, drängen | 18 **Rebell:** Aufrührer, Umstürzler | 26 **Regenten:** Herrscher, Fürsten | 30 **gemessene Ordre:** ernsthaften Auftrag | 31 **Entstehungsfall:** (jur.) Fall der Weigerung

GÖTZ. In Turn! Ihr missbraucht die kaiserliche Gewalt. In Turn! Das ist sein Befehl nicht. Was! mir erst, die Verräter! eine Falle stellen, und ihren Eid, ihr ritterlich Wort zum Speck drin aufzuhängen! Mir dann ritterlich Gefängnis zuzusagen, und die Zusage wieder brechen.

RAT. Einem Räuber sind wir keine Treue schuldig.

GÖTZ. Trügst du nicht das Ebenbild des Kaisers, das ich in dem gesudeltsten Konterfei verehre, du solltest mir den Räuber fressen oder dran erwürgen. Ich bin in einer ehrlichen Fehd begriffen. Du könntest Gott danken und dich vor der Welt groß machen, wenn du in deinem Leben eine so edle Tat getan hättest, wie die ist, um welcher willen ich gefangen sitze.

RAT *(winkt dem Ratsherrn, der zieht die Schelle).*

GÖTZ. Nicht um des leidigen Gewinsts willen, um Land und Leute unbewehrten Kleinen wegzukapern bin ich ausgezogen. Meinen Jungen zu befreien, und mich meiner Haut zu wehren! seht ihr was Unrechtes dran? Kaiser und Reich hätten unsere Not nicht in ihrem Kopfküssen gefühlt. Ich habe Gott sei Dank noch eine Hand, und habe wohl getan sie zu brauchen.

Bürger treten herein, Stangen in der Hand, Wehren an der Seite.

GÖTZ. Was soll das!

RAT. Ihr wollt nicht hören. Fangt ihn.

GÖTZ. Ist das die Meinung! Wer kein ungrischer Ochs ist, komm' mir nicht zu nah. Er soll von dieser meiner rechten eisernen Hand eine solche Ohrfeige kriegen, die ihm Kopfweh, Zahnweh und alles Weh der Erden aus dem Grund kurieren soll. *(Sie machen sich an ihn, er schlägt den einen zu Boden, und reißt einem andern die Wehr von der Seite, sie weichen.)* Kommt! Kommt! Es wäre mir angenehm den Tapfersten unter euch kennen zu lernen.

RAT. Gebt Euch.

GÖTZ. Mit dem Schwert in der Hand! Wisst Ihr dass es jetzt

3 f. **zum Speck drin aufzuhängen:** als Köder auszuwerfen | 7 f. **in dem gesudeltsten Konterfei:** in dem beschmutztesten Bild | 16 **wegzukapern:** zu rauben | 23 **Wehren:** Schwerter | 26 **ungrischer Ochs:** ungarischer Ochse, der als besonders stark galt | 34 **Gebt Euch:** Ergebt Euch

nur an mir läge mich durch alle diese Hasenjäger durchzuschlagen, und das weite Feld zu gewinnen? Aber ich will Euch lehren wie man Wort hält. Versprecht mir ritterlich Gefängnis, und ich gebe mein Schwert weg und bin wie vorher Euer Gefangener.

RAT. Mit dem Schwert in der Hand, wollt Ihr mit dem Kaiser rechten?

GÖTZ. Behüte Gott! Nur mit Euch und Eurer edlen Compagnie. Ihr könnt nach Haus gehn, gute Leute. Vor die Versäumnis kriegt ihr nichts, und zu holen ist hier nichts als Beulen.

RAT. Greift ihn. Gibt euch eure Liebe zu eurem Kaiser nicht mehr Mut?

GÖTZ. Nicht mehr als ihnen der Kaiser Pflaster gibt die Wunden zu heilen, die sich ihr Mut holen könnte.

Gerichtsdiener kommt.

GERICHTSDIENER. Eben ruft der Türner: es zieht ein Trupp von mehr als zweihunderten nach der Stadt zu. Unversehens sind sie hinter der Weinhöhe hervorgedrungen, und drohen unsern Mauern.

RATSHERR. Weh uns was ist das?

Wache kommt.

WACHE. Franz von Sickingen hält vor dem Schlag, und lässt euch sagen: er habe gehört wie unwürdig man an seinem Schwager bundbrüchig geworden seie, wie die Herren von Heilbronn allen Vorschub täten. Er verlange Rechenschaft, sonst wolle er binnen einer Stunde die Stadt an vier Ecken anzünden, und sie der Plünderung preisgeben.

GÖTZ. Braver Schwager!

RAT. Tretet ab, Götz. – Was ist zu tun?

RATSHERR. Habt Mitleiden mit uns und unserer Bürgerschaft, Sickingen ist unbändig in seinem Zorn, er ist Mann es zu halten.

8 f. **Compagnie:** Heereseinheit | 9 f. **Versäumnis:** hier im Sinne von: Arbeitsausfall | 23 **Schlag:** Stadttor | 25 f. **wie … Vorschub täten:** was … begünstigen würden | 27 **Rechenschaft:** Erklärung, Bericht

RAT. Sollen wir uns und dem Kaiser die Gerechtsame vergeben?

HAUPTMANN. Wenn wir nur Leute hätten sie zu halten. So aber könnten wir umkommen, und die Sache wär nur desto schlimmer. Wir gewinnen im Nachgeben.

RATSHERR. Wir wollen Götzen ansprechen für uns ein gut Wort einzulegen. Mir ist's als wenn ich die Stadt schon in Flammen sähe.

RAT. Lasst Götz herein.

GÖTZ. Was soll's?

RAT. Du würdest wohltun, deinen Schwager von seinem rebellischen Vorhaben abzumahnen. Anstatt dich vom Verderben zu retten, stürzt er dich tiefer hinein indem er sich zu deinem Falle gesellt.

GÖTZ *(sieht Elisabeth an der Tür, heimlich zu ihr)*. Geh hin! Sag ihm: er soll unverzüglich hereinbrechen, soll hierherkommen, nur der Stadt kein Leids tun. Wenn sich die Schurken hier widersetzen, soll er Gewalt brauchen. Es liegt mir nichts dran umzukommen, wenn sie nur all mit erstochen werden.

Ein großer Saal auf dem Rathaus.

Sickingen. Götz.
Das ganze Rathaus ist mit Sickingens Reutern besetzt.

GÖTZ. Das war Hülfe vom Himmel. Wie kommst du so erwünscht und unvermutet, Schwager?

SICKINGEN. Ohne Zauberei. Ich hatte zwei drei Boten ausgeschickt zu hören wie dir's ging'. Auf die Nachricht von ihrem Meineid macht ich mich auf die Wege. Nun haben wir die Kerls.

GÖTZ. Ich verlange nichts als ritterliche Haft.

SICKINGEN. Du bist zu ehrlich. Dich nicht einmal des Vorteils zu bedienen, den der Rechtschaffene über den Meineidigen hat. Sie sitzen im Unrecht, und wir wollen ihnen keine

1 f. **die Gerechtsame vergeben:** auf die zustehenden Rechte verzichten | 12 **abzumahnen:** abzubringen | 28 **Meineid:** Eidbruch | 33 f. **wir wollen ihnen keine Küssen unterlegen:** wir wollen sie nicht zu weich fallen lassen; wir wollen sie nicht zu leicht davonkommen lassen

Küssen unterlegen. Sie haben die Befehle des Kaisers schändlich missbraucht. Und wie ich Ihro Majestät kenne, darfst du sicher auf mehr dringen. Es ist zu wenig.

GÖTZ. Ich bin von jeher mit wenigem zufrieden gewesen.

SICKINGEN. Und bist von jeher zu kurz kommen. Meine Meinung ist: sie sollen deine Knechte aus dem Gefängnis, und dich zusamt ihnen auf deinen Eid nach deiner Burg ziehen lassen. Du magst versprechen nicht aus deiner Terminei zu gehen, und wirst immer besser sein als hier.

GÖTZ. Sie werden sagen: Meine Güter sei'n dem Kaiser heimgefallen.

SICKINGEN. So sagen wir: Du wolltest zur Miete drin wohnen bis sie dir der Kaiser wieder zu Lehn gäbe. Lass sie sich wenden wie Äle in der Reuse, sie sollen uns nicht entschlüpfen. Sie werden von Kaiserlicher Majestät reden, von ihrem Auftrag. Das kann uns einerlei sein. Ich kenn den Kaiser auch und gelte was bei ihm. Er hat von jeher gewünscht dich unter seiner Armee zu haben. Du wirst nicht lang auf deinem Schloss sitzen, so wirst du aufgerufen werden.

GÖTZ. Wollte Gott bald, eh ich 's Fechten verlerne.

SICKINGEN. Der Mut verlernt sich nicht, wie er sich nicht lernt. Sorge vor nichts, wenn deine Sachen in der Ordnung sind geh ich an Hof, denn meine Unternehmung fängt an reif zu werden. Günstige Aspekten deuten mir, brich auf! Es ist mir nichts übrig als die Gesinnung des Kaisers zu sondieren. Trier und Pfalz vermuten eher des Himmels Einfall, als dass ich ihnen übern Kopf kommen werde. Und ich will kommen wie ein Hagelwetter! Und wenn wir unser Schicksal machen können, so sollst du bald der Schwager eines Kurfürsten sein. Ich hoffte auf deine Faust bei dieser Unternehmung.

GÖTZ *(besieht seine Hand)*. O! das deutete der Traum den ich hatte, als ich tags drauf Marien an Weislingen versprach. Er sagte mir Treu zu, und hielt meine rechte Hand so fest dass sie aus den Armschienen ging, wie abgebrochen. Ach!

8 **Terminei:** abgegrenzter Bezirk | 14 **Äle in der Reuse:** Aale im Fischnetz | 25 **reif:** hier: ausführbar | 25 **Aspekten:** hier: astrologische Sternenkonstellationen | 28 **übern Kopf kommen:** über sie herfallen

Ich bin in diesem Augenblick wehrloser als ich war da sie mir abgeschossen wurde. Weisling! Weisling!

SICKINGEN. Vergiss einen Verräter. Wir wollen seine Anschläge vernichten, sein Ansehn untergraben, und Gewissen und Schande sollen ihn zu Tod fressen. Ich seh, ich seh im Geiste meine Feinde, deine Feinde niedergestürzt. Götz nur noch ein halb Jahr!

GÖTZ. Deine Seele fliegt hoch. Ich weiß nicht, seit einiger Zeit wollen sich in der meinigen keine fröhliche Aussichten eröffnen – Ich war schon mehr in Unglück, schon einmal gefangen, und so wie mir's jetzt ist war mir's niemals.

SICKINGEN. Glück macht Mut. Kommt zu denen Perücken, sie haben lang genug den Vortrag gehabt, lass uns einmal die Müh übernehmen. *(Ab.)*

Adelheidens Schloss.

Adelheid. Weislingen.

ADELHEID. Das ist verhasst.

WEISLINGEN. Ich hab die Zähne zusammengebissen. Ein so schöner Anschlag, so glücklich vollführt, und am Ende ihn auf sein Schloss zu lassen! Der verdammte Sickingen.

ADELHEID. Sie hätten's nicht tun sollen.

WEISLINGEN. Sie saßen fest. Was konnten sie machen? Sickingen drohte mit Feuer und Schwert, der hochmütige jähzornige Mann. Ich hass ihn. Sein Ansehn nimmt zu wie ein Strom, der nur einmal ein paar Bäche gefressen hat, die übrigen geben sich von selbst.

ADELHEID. Hatten sie keinen Kaiser?

WEISLINGEN. Liebe Frau! Er ist nur der Schatten davon, er wird alt und missmutig. Wie er hörte was geschehen war, und ich, nebst den übrigen Regimentsräten eiferte, sagt' er: Lasst ihnen Ruh! Ich kann dem alten Götz wohl das Plätzchen gönnen, und wenn er da still ist was habt ihr über ihn zu klagen? Wir redeten vom Wohl des Staats. O! sagt' er: hätt ich von jeher Räte gehabt, die meinen unruhigen

12 **Perücken:** perückentragenden Richtern | 13 **Vortrag:** Initiative | 25 **ein paar Bäche gefressen hat:** durch ein paar Bäche gespeist wurde

Geist mehr auf das Glück einzelner Menschen gewiesen hätten.

ADELHEID. Er verliert den Geist eines Regenten.

WEISLINGEN. Wir zogen auf Sickingen los. – Er ist mein treuer Diener, sagt' er, hat er's nicht auf meinen Befehl getan, so tat er doch besser meinen Willen als meine Bevollmächtigte, und ich kann's gutheißen, vor oder nach.

ADELHEID. Man möchte sich zerreißen.

WEISLINGEN. Ich habe deswegen noch nicht alle Hoffnung aufgegeben. Er ist auf sein ritterlich Wort auf sein Schloss gelassen, sich da still zu halten. Das ist ihm unmöglich, wir wollen bald eine Ursach wider ihn haben.

ADELHEID. Und desto eher, da wir hoffen können der Kaiser werde bald aus der Welt gehn, und Karl sein trefflicher Nachfolger majestätischere Gesinnungen verspricht. ↗

WEISLINGEN. Karl! Du hast eine große Idee von seinen Eigenschaften, fast sollte man denken du sähst sie mit andern Augen.

ADELHEID. Du beleidigst mich Weislingen. Kennst du mich für das?

WEISLINGEN. Ich sagte nichts dich zu beleidigen. Aber schweigen kann ich nicht dazu. Karls ungewöhnliche Aufmerksamkeit für dich beunruhigt mich.

ADELHEID. Und mein Betragen?

WEISLINGEN. Du bist ein Weib. Ihr hasst keinen der euch hofiert.

ADELHEID. Aber ihr!

WEISLINGEN. Es frisst mich am Herzen der fürchterliche Gedanke! Adelheid!

ADELHEID. Kann ich deine Torheit kurieren?

WEISLINGEN. Wenn du wolltest! Du könntest dich vom Hof entfernen.

ADELHEID. Sag Mittel und Art. Bist du nicht bei Hof? Soll ich dich lassen und meine Freunde um auf meinem Schloss mich mit den Uhus zu unterhalten? Nein Weislingen daraus wird nichts. Beruhige dich, du weißt wie ich dich liebe.

7 **vor oder nach:** davor oder danach | 12 **Ursach:** Vorwand, Grund | 19 f. **Kennst du mich für das?:** Kennst du mich nicht besser? | 26 **hofiert:** den Hof macht | 30 **Torheit:** Dummheit

WEISLINGEN. Der heilige Anker in diesem Sturm, solang der Strick nicht reißt. *(Ab.)*

ADELHEID. Fängst du's so an! Das fehlte noch. Die Unternehmungen meines Busens sind zu groß, als dass du ihnen im Weg stehen solltest. Karl großer trefflicher Mensch, und Kaiser dereinst, und sollte er der Einzige sein untern den Männern den der Titel meines Gemahls nicht schmeichelte. Weislingen denke nicht mich zu hindern, sonst musst du in den Boden, mein Weg geht über dich hin.

Franz kommt mit einem Brief.

FRANZ. Hier gnädige Frau.

ADELHEID. Gab dir Karl ihn selbst?

FRANZ. Ja.

ADELHEID. Was hast du? du siehst so kummer voll.

FRANZ. Es ist Euer Wille dass ich mich totschmachten soll, in den Jahren der Hoffnung macht Ihr mich verzweifeln.

ADELHEID. Er dauert mich, – und wie wenig kostet's mich ihn glücklich zu machen. Sei gutes Muts Junge. Ich fühle deine Lieb und Treu, und werde nie unerkenntlich sein.

FRANZ *(beklemmt)*. Wenn Ihr das fähig wärt, ich müsste vergehn. Mein Gott, ich habe keine andere Faser an mir, keinen Sinn als Euch zu lieben und zu tun was Euch gefällt.

ADELHEID. Lieber Junge.

FRANZ. Ihr schmeichelt mir. *(In Tränen ausbrechend.)* Wenn diese Ergebenheit nichts mehr verdient als andere sich vorgezogen zu sehn, als Eure Gedanken alle nach dem Karl gerichtet zu sehn.

ADELHEID. Du weißt nicht was du willst, noch weniger was du redst.

FRANZ *(mit Verdruss und Zorn mit dem Fuß stampfend)*. Ich will auch nicht mehr. Will nicht mehr den Unterhändler abgeben.

ADELHEID. Franz! Du vergisst dich.

FRANZ. Mich aufzuopfern! Meinen lieben Herrn.

ADELHEID. Geh mir aus dem Gesicht.

3 f. Die Unternehmungen meines Busens: Meine innersten Pläne | **9 musst du in den Boden:** im Sinne von: musst du dran glauben | **17 Er dauert mich:** Er tut mir leid | **20 beklemmt:** beklommen: zögerlich, angstvoll | **30 Verdruss:** Ärger, schlechte Laune

FRANZ. Gnädige Frau!

ADELHEID. Geh entdecke deinem lieben Herrn mein Geheimnis. Ich war die Närrin dich für was zu halten das du nicht bist.

FRANZ. Liebe gnädige Frau Ihr wisst dass ich Euch liebe.

ADELHEID. Und du warst mein Freund, meinem Herzen so nahe. Geh verrat mich!

FRANZ. Ich wollt' mir ehe das Herz aus dem Leibe reißen. Verzeiht mir gnädige Frau. Mein Herz ist zu voll, meine Sinnen halten's nicht aus.

ADELHEID. Lieber warmer Junge.

(Sie fasst ihn bei den Händen, zieht ihn zu sich, und ihre Küsse begegnen einander, er fällt ihr weinend an den Hals.)

ADELHEID. Lass mich.

FRANZ *(erstickend in Tränen an ihrem Hals).* Gott! Gott!

ADELHEID. Lass mich, die Mauern sind Verräter. Lass mich. *(Sie macht sich los.)* Wanke nicht von deiner Lieb und Treu, und der schönste Lohn soll dir werden. *(Ab.)*

FRANZ. Der schönste Lohn! Nur bis dahin lass mich leben! Ich wollte meinen Vater ermorden, der mir diesen Platz streitig machte.

Jagsthausen.

Götz an einem Tisch. Elisabeth bei ihm mit der Arbeit, es steht ein Licht auf dem Tisch und Schreibzeug.

GÖTZ. Der Müßiggang will mir gar nicht schmecken, und meine Beschränkung wird mir von Tag zu Tag enger, ich wollt' ich könnt schlafen, oder mir nur einbilden die Ruh sei was Angenehmes.

ELISABETH. So schreib doch deine Geschichte aus die du angefangen hast. Gib deinen Freunden ein Zeugnis in die Hand deine Feinde zu beschämen, verschaff einer edlen Nachkommenschaft die Freude dich nicht zu verkennen.

GÖTZ. Ach! Schreiben ist geschäftiger Müßiggang, es kommt mir sauer an. Indem ich schreibe was ich getan habe, ärgere

2 **entdecke:** verrate | 25 **Müßiggang:** Untätigkeit | 33 f. **es kommt mir sauer an:** es fällt mir schwer

ich mich über den Verlust der Zeit in der ich etwas tun könnte.

ELISABETH *(nimmt die Schrift).* Sei nicht wunderlich. Du bist eben an deiner ersten Gefangenschaft in Heilbronn.

GÖTZ. Das war mir von jeher ein fataler Ort.

ELISABETH *(liest).* »Da waren selbst einige von den Bündischen, die zu mir sagten: ich habe törig getan mich meinen ärgsten Feinden zu stellen, da ich doch vermuten konnte sie würden nicht glimpflich mit mir umgehn, da antwortet ich:« Nun was antwortetest du? schreibe weiter.

GÖTZ. Ich sagte: setz ich so oft meine Haut an anderer Gut und Geld, sollt' ich sie nicht an mein Wort setzen?

ELISABETH. Diesen Ruf hast du.

GÖTZ. Den sollen sie mir nicht nehmen! Sie haben mir alles genommen, Gut, Freiheit –

ELISABETH. Es fällt in die Zeiten wie ich die von Miltenberg und Singlingen in der Wirtstube fand, die mich nicht kannten. Da hatt ich eine Freude als wenn ich einen Sohn geboren hätte. Sie rühmten dich untereinander, und sagten: Er ist das Muster eines Ritters, tapfer und edel in seiner Freiheit, und gelassen und treu im Unglück.

GÖTZ. Sie sollen mir einen stellen dem ich mein Wort gebrochen. Und Gott weiß, dass ich mehr geschwitzt hab meinem Nächsten zu dienen als mir, dass ich um den Namen eines tapfern und treuen Ritters gearbeitet habe, nicht um hohe Reichtümer und Rang zu gewinnen. Und Gott sei Dank worum ich warb ist mir worden.

Lerse, Georg mit Wildbret.

GÖTZ. Glück zu brave Jäger!

GEORG. Das sind wir aus braven Reutern geworden. Aus Stiefeln machen sich leicht Pantoffeln.

LERSE. Die Jagd ist doch immer was, und eine Art von Krieg.

GEORG. Wenn man nur hierzuland nicht immer mit Reichsknechten zu tun hätte. Wisst Ihr gnädiger Herr, wie Ihr

5 **fataler:** schicksalhafter | 11 **setz ich so oft meine Haut an:** kämpfe ich so oft für | 27 **worum ich warb ist mir worden:** wofür ich gearbeitet habe, habe ich erreicht | 28 **Wildbret:** Fleisch vom Wild

uns prophezeihet: wenn sich die Welt umkehrte würden wir Jäger werden. Da sind wir's ohne das.

GÖTZ. Es kommt auf eins hinaus, wir sind aus unserm Kreise geruckt.

GEORG. Es sind bedenkliche Zeiten. Schon seit acht Tagen lässt sich ein fürchterlicher Komet sehen, und ganz Deutschland ist in Angst es bedeute den Tod des Kaisers der sehr krank ist.

GÖTZ. Sehr krank! Unsere Bahn geht zu Ende.

LERSE. Und hier in der Nähe gibt's noch schrecklichere Veränderungen. Die Bauern haben einen entsetzlichen Aufstand erregt.

GÖTZ. Wo?

LERSE. Im Herzen von Schwaben. Sie sengen, brennen und morden. Ich fürchte sie verheeren das ganze Land.

GEORG. Einen fürchterlichen Krieg gibt's. Es sind schon an die hundert Ortschaften aufgestanden und täglich mehr. Der Sturmwind neulich hat ganze Wälder ausgerissen, und kurz darauf hat man in der Gegend wo der Aufstand begonnen zwei feurige Schwerter kreuzweis in der Luft gesehen.

GÖTZ. Da leiden von meinen guten Herrn und Freunden gewiss unschuldig mit.

GEORG. Schade dass wir nicht reiten dürfen.

3 f. **wir sind aus unserm Kreise geruckt:** wir sind unserer eigentlichen Bestimmung untreu geworden | 16 f. **sind … aufgestanden:** haben … einen Aufstand begonnen

Fünfter Akt

↗ **Bauernkrieg.**
Tumult in einem Dorf und Plünderung.

Weiber und Alte mit Kindern und Gepäcke, Flucht.

ALTER. Fort, fort, dass wir den Mordhunden entgehen.

WEIB. Heiliger Gott, wie blutrot der Himmel ist, die untergehende Sonne blutrot.

MUTTER. Das bedeut Feuer.

WEIB. Mein Mann! Mein Mann!

ALTER. Fort! fort! in Wald.
(Ziehen vorbei.)

Link, Anführer.

LINK. Was sich widersetzt niedergestochen. Das Dorf ist unser. Dass von Früchten nichts umkommt, nichts zurückbleibt. Plündert rein aus und schnell. Wir zünden gleich an.

Metzler vom Hügel heruntergelaufen.

METZLER. Wie geht's Euch Link?

LINK. Drunter und drüber siehst du, du kommst zum Kehraus. Woher?

METZLER. Von Weinsberg. Da war ein Fest.

LINK. Wie?

METZLER. Wir haben sie zusammengestochen, dass eine Lust war.

LINK. Wen alles?

METZLER. Dietrich von Weiler tanzte vor. Der Fratz! Wir waren mit hellem wütigem Hauf herum, und er oben auf'm Kirchturn wollt gütlich mit uns handeln. Plaff! Schoss ihm einer vor'n Kopf. Wir hinauf wie Wetter und zum Fenster herunter mit dem Kerl.

LINK. Ah!

19 f. **Kehraus:** (iron.) letzter Tanz | 26 **Fratz:** Frechdachs, Lümmel | 27 **hellem:** ganzem | 29 **wie Wetter:** wie der Blitz

METZLER *(zu den Bauern).* Ihr Hund soll ich euch Bein machen, wie sie haudern und trenteln die Esel.

LINK. Brennt an! sie mögen drinnen braten. Fort! Fahrt zu ihr Schlingel.

METZLER. Darnach führten wir heraus den Helfenstein, den Eltershofen, an die dreizehn von Adel, zusammen auf achtzig. Herausgeführt auf die Ebne gegen Heilbronn. Das war ein Jubilierens und ein Tumultuierens von Unsrigen wie die lange Reih arme reiche Sünder daherzog, einander ansturten, und die Erd und Himmel. Umringt waren sie ehe sie sich's versahen, und all mit Spießen niedergestochen.

LINK. Dass ich nicht dabei war!

METZLER. Hab mein Tag so kein Gaudium gehabt.

LINK. Fahrt zu! Heraus!

BAUER. Alles ist leer.

LINK. So brennt an allen Ecken.

METZLER. Wird ein hübsch Feuerchen geben. Siehst du wie die Kerls übereinanderpurzelten und quickten wie die Frösch! Es lief mir so warm übers Herz wie ein Glas Branntewein. Da war ein Rixinger, wenn der Kerl sonst auf die Jagd ritt, mit dem Federbusch und weiten Naslöchern, und uns vor sich hertrieb mit den Hunden und wie die Hunde. Ich hatt ihn die Zeit nicht gesehen, sein Fratzengesicht fiel mir recht auf. Hasch! den Spieß dem Kerl zwischen die Rippen, da lag er, streckt' alle vier über seine Gesellen. Wie die Hasen beim Treibjagen zuckten die Kerls übereinander.

LINK. Raucht schon brav.

METZLER. Dort hinten brennt's. Lass uns mit der Beute gelassen zu dem großen Haufen ziehen.

LINK. Wo hält er?

METZLER. Von Heilbronn hierher zu. Sie deliberieren einen zum Hauptmann, vor dem das Volk all Respekt hätt. Denn wir sind doch nur ihresgleichen, das fühlen sie und werden schwürig.

2 **haudern und trenteln:** in etwa: zögern und trödeln | 8 **Tumultuierens:** Radaumachens | 10 **ansturten:** anstarrten | 10 **und die Erd und Himmel:** Ausruf der Bekräftigung, im Sinne von: So wahr ich hier stehe! | 14 **Gaudium:** (lat.) Freude | 19 **quickten:** quiekten | 29 **brav:** hier: herrlich, prima | 33 **deliberieren:** bestimmen | 36 **schwürig:** hier: aufrührerisch

LINK. Wen meinen sie?

METZLER. Max Stumpf oder Götz von Berlichingen.

LINK. Das wär gut gäb auch der Sache einen Schein, wenn's der Götz tät, er ist immer für einen rechtschaffnen Ritter passiert. Auf! Auf! wir ziehen nach Heilbronn zu! ruft's herum.

METZLER. Das Feuer leucht uns noch eine gute Strecke. Hast du den großen Kometen gesehen?

LINK. Ja. Das ist ein grausam erschrecklich Zeichen. Wenn wir die Nacht durchziehen können wir 'n recht sehn. Er geht gegen eins auf.

METZLER. Und bleibt nur fünf Viertelstunden. Wie ein gebogner Arm mit einem Schwert sieht er aus, so blut gelb rot.

LINK. Hast du die drei Stern gesehen an des Schwerts Spitze und Seite?

METZLER. Und der breite wolkenfärbige Streif, mit tausend und tausend Striemen wie Spieß', und dazwischen wie kleine Schwerter.

LINK. Mir hat's gegraust. Wie das alles so bleichrot, und darunter viel feurige helle Flammen und dazwischen die grausame Gesichter mit rauchen Häuptern und Bärten.

METZLER. Hast du die auch gesehen? Und das zwitzert alles so durcheinander, als läg's in einem blutigen Meere und arbeitet durcheinander, dass einem die Sinne vergehn.

LINK. Auf! Auf! *(Ab.)*

Feld,
man sieht in der Ferne zwei Dörfer brennen und ein Kloster.

Kohl, Wild, Anführer. Max Stumpf. Haufen.

MAX STUMPF. Ihr könnt nicht verlangen, dass ich euer Hauptmann sein soll. Für mich und euch wär's nichts nütze. Ich bin pfalzgräfischer Diener, wie sollt' ich gegen meinen Herrn führen. Würdet immer wähnen ich tät nicht von Herzen.

KOHL. Wussten wohl du würdest Entschuldigung finden.

4 f. **er ist … passiert:** er galt immer als ein rechtschaffener Ritter | 21 **rauchen:** hier: borstigen | 22 **zwitzert:** flimmert | 32 **wähnen:** vermuten

Götz, Lerse, Georg kommen.

GÖTZ. Was wollt ihr mit mir?

KOHL. Ihr sollt unser Hauptmann sein.

GÖTZ. Soll ich mein ritterlich Wort dem Kaiser brechen, und aus meinem Bann gehen?

WILD. Das ist keine Entschuldigung.

GÖTZ. Und wenn ich ganz frei wäre, und ihr wollt handeln wie bei Weinsberg an den Edlen und Herrn, und so forthausen wie ringsherum das Land brennet und blutet, und ich sollt' euch behülflich sein zu eurem schändlichen rasenden Wesen, eher sollt ihr mich totschlagen wie einen wütigen Hund, als dass ich euer Haupt würde.

KOHL. Wäre das nicht geschehen es geschähe vielleicht nimmermehr.

STUMPF. Das war eben das Unglück dass sie keinen Führer hatten den sie geehrt, und er ihrer Wut Einhalt tun können. Nimm die Hauptmannschaft an, ich bitte dich Götz. Die Fürsten werden dir Dank wissen, ganz Deutschland. Es wird zum Besten und Frommen aller sein, Menschen und Länder werden geschont werden.

GÖTZ. Warum übernimmst du's nicht?

STUMPF. Ich hab mich von ihnen losgesagt.

KOHL. Wir haben nicht Sattelhenkens Zeit, und langer unnötiger Diskurse. Kurz und gut. Götz sei unser Hauptmann, oder sieh zu deinem Schloss, und deiner Haut. Und hiermit zwei Stunden Bedenkzeit. Bewacht ihn.

GÖTZ. Was braucht's das. Ich bin so gut entschlossen – jetzt als darnach. Warum seid ihr ausgezogen? Eure Rechte und Freiheiten wiederzuerlangen! Was wütet ihr und verderbt das Land! Wollt ihr abstehen von allen Übeltaten, und handeln als wackere Leute, und die wissen was sie wollen, so will ich euch behülflich sein zu euren Forderungen, und auf acht Tag euer Hauptmann sein.

WILD. Was geschehen ist ist in der ersten Hitz geschehen, und braucht's deiner nicht uns künftig zu hindern.

KOHL. Auf ein Vierteljahr wenigstens musst du uns zusagen.

19 **Frommen:** Nutzen | 23 **Sattelhenkens Zeit:** endlos viel Zeit (Zeit, um nach dem Ausritt den Sattel an den Nagel zu hängen) | 30 **abstehen:** Abstand nehmen

STUMPF. Macht vier Wochen, damit könnt ihr beide zufrieden sein.

GÖTZ. Meintwegen.

KOHL. Eure Hand.

GÖTZ. Und gelobt mir den Vertrag den ihr mit mir gemacht, schriftlich an alle Haufen zu senden, bei Strafe ihm streng nachzukommen.

WILD. Nun ja! Soll geschehen.

GÖTZ. So verbind ich mich euch auf vier Wochen.

STUMPF. Glück zu. Was du tust, schon unsern gnädigen Herrn den Pfalzgrafen.

KOHL *(leise)*. Bewacht ihn. Dass niemand mit ihm rede außer eurer Gegenwart.

GÖTZ. Lerse! Kehr zu meiner Frau. Steh ihr bei. Sie soll bald Nachricht von mir haben.
(Götz, Stumpf, Georg, Lerse, einige Bauern ab.)

Metzler, Link kommen.

METZLER. Was hören wir von einem Vertrag! Was soll der Vertrag!

LINK. Es ist schändlich so einen Vertrag einzugehen.

KOHL. Wir wissen so gut was wir wollen als ihr, und haben zu tun und zu lassen.

WILD. Das Rasen und Brennen und Morden musste doch einmal aufhören, heut oder morgen, so haben wir noch einen braven Hauptmann dazugewonnen.

METZLER. Was aufhören! Du Verräter! Warum sind wir da? Uns an unsern Feinden zu rächen, uns emporzuhelfen! – Das hat euch ein Fürstenknecht geraten.

KOHL. Komm Wild, er ist wie ein Vieh. *(Ab.)*

METZLER. Geht nur! Wird euch kein Haufen zustehn. Die Schurken! Link, wir wollen die andern aufhetzen, Miltenberg dort drüben anzünden, und wenn's Händel setzt wegen des Vertrags, schlagen wir den Verträgern zusammen die Köpf ab.

LINK. Wir haben doch den großen Haufen auf unsrer Seite.

14 **Kehr:** Kehr heim | 32 **Händel:** Streit | 33 **Verträgern:** Vertragsparteien

Berg und Tal. Eine Mühle in der Tiefe.

Ein Trupp Reuter. Weislingen kommt aus der Mühle mit Franzen und einem Boten.

WEISLINGEN. Mein Pferd! – Ihr habt's den andern Herrn auch angesagt?

BOTE. Wenigstens sieben Fähnlein werden mit Euch eintreffen, im Wald hinter Miltenberg. Die Bauern ziehen unten herum. Überall sind Boten ausgeschickt, der ganze Bund wird in kurzem beisammen sein. Fehlen kann's nicht, man sagt: es sei Zwist unter ihnen.

WEISLINGEN. Desto besser. Franz!

FRANZ. Gnädiger Herr.

WEISLINGEN. Richt es pünktlich aus. Ich bind es dir auf deine Seele. Gib ihr den Brief. Sie soll von Hof auf mein Schloss! Sogleich! Du sollst sie abreisen sehn, und mir's dann melden.

FRANZ. Soll geschehen, wie Ihr befehlt.

WEISLINGEN. Sag ihr sie soll wollen. *(Zum Boten.)* Führt uns nun den nächsten und besten Weg.

BOTE. Wir müssen umziehen. Die Wasser sind von den entsetzlichen Regen alle ausgetreten.

Jagsthausen.

Elisabeth. Lerse.

LERSE. Tröstet Euch gnäd'ge Frau!

ELISABETH. Ach Lerse, die Tränen stunden ihm in den Augen wie er Abschied von mir nahm. Es ist grausam grausam.

LERSE. Er wird zurückkehren.

ELISABETH. Es ist nicht das. Wenn er auszog rühmlichen Sieg zu erwerben, da war mir's nicht weh ums Herz. Ich freute mich auf seine Rückkunft vor der mir jetzt bang ist.

LERSE. Ein so edler Mann. –

ELISABETH. Nenn ihn nicht so, das macht neu Elend. Die Bö-

9 **Fehlen:** Schiefgehen | 20 **umziehen:** einen Umweg machen | 21 **ausgetreten:** über die Ufer getreten | 30 **bang:** mulmig, ängstlich

sewichter. Sie drohten ihn zu ermorden und sein Schloss anzuzünden. Wenn er wiederkommen wird. Ich seh ihn finster finster. Seine Feinde werden lügenhafte Klagartikel schmieden und er wird nicht sagen können: nein!

LERSE. Er wird und kann.

ELISABETH. Er hat seinen Bann gebrochen. Sag nein!

LERSE. Nein, er ward gezwungen, wo ist der Grund ihn zu verdammen?

ELISABETH. Die Bosheit sucht keine Gründe, nur Ursachen. Er hat sich zu Rebellen, Missetätern, Mördern gesellt, an ihrer Spitze gezogen. Sage nein!

LERSE. Lasst ab Euch zu quälen, und mich. Haben sie ihm nicht selbst feierlich zugesagt keine Tathandlung mehr zu unternehmen, wie die bei Weinsberg? Hört ich sie nicht selbst halbreuig sagen: wenn's nicht geschehen wär, geschäh's vielleicht nie? Müssten nicht Fürsten und Herrn ihm Dank wissen, wenn er freiwillig Führer eines unbändigen Volks geworden wäre, um ihrer Raserei Einhalt zu tun und so viel Menschen und Besitztümer zu schonen?

ELISABETH. Du bist ein liebevoller Advokat. – Wenn sie ihn gefangen nähmen, als Rebell behandelten, und sein graues Haupt – Lerse ich möchte von Sinnen kommen.

LERSE. Sende ihrem Körper Schlaf lieber Vater der Menschen, wenn du ihrer Seele keinen Trost geben willst.

ELISABETH. Georg hat versprochen Nachricht zu bringen. Er wird auch nicht dürfen wie er will. Sie sind ärger als gefangen. Ich weiß man bewacht sie wie Feinde. Der gute Georg! Er wollte nicht von seinem Herrn weichen.

LERSE. Das Herz blutete mir wie er mich von sich schickte. Wenn Ihr nicht meiner Hülf bedürftet, alle Gefahren des schmählichsten Tods sollten mich nicht von ihm getrennt haben.

ELISABETH. Ich weiß nicht wo Sickingen ist. Wenn ich nur Marien einen Boten schicken könnte.

LERSE. Schreibt nur, ich will dafür sorgen. *(Ab.)*

3 **Klagartikel:** Punkte der Anklageschrift | 20 **Advokat:** Rechtsanwalt, Verteidiger | 22 **ich möchte von Sinnen kommen:** ich möchte fast wahnsinnig werden

Bei einem Dorf.

Götz. Georg.

GÖTZ. Geschwind zu Pferde Georg, ich sehe Miltenberg brennen. Halten sie so den Vertrag! Reit hin, sag ihnen die Meinung. Die Mordbrenner! Ich sage mich von ihnen los. Sie sollen einen Zigeuner zum Hauptmann machen, mich nicht. Geschwind Georg. *(Georg ab.)* Wollt', ich wäre tausend Meilen davon, und läg im tiefsten Turn der in der Türkei steht. Könnt ich mit Ehren von ihnen kommen! Ich fahr ihnen alle Tag durch den Sinn, sag ihnen die bittersten Wahrheiten, dass sie mein müde werden und mich erlassen sollen.

Ein Unbekannter.

UNBEKANNTER. Gott grüß' Euch sehr edler Herr.

GÖTZ. Gott dank' Euch. Was bringt Ihr? Euren Namen?

UNBEKANNTER. Der tut nichts zur Sache. Ich komme Euch zu sagen dass Euer Kopf in Gefahr ist. Die Anführer sind müde sich von Euch so harte Worte geben zu lassen, haben beschlossen Euch aus dem Weg zu räumen. Mäßigt Euch oder seht zu entwischen und Gott g'leit' Euch. *(Ab.)*

GÖTZ. Auf diese Art dein Leben zu lassen Götz und so zu enden! Es sei drum! So ist mein Tod der Welt das sicherste Zeichen, dass ich nichts Gemeines mit den Hunden gehabt habe.

Einige Bauern.

ERSTER BAUER. Herr! Herr! Sie sind geschlagen, sie sind gefangen.

GÖTZ. Wer?

ZWEITER BAUER. Die Miltenberg verbrannt haben. Es zog sich ein bündischer Trupp hinter dem Berg hervor, und überfiel sie auf einmal.

GÖTZ. Sie erwartet ihr Lohn. – O Georg! Georg – Sie haben ihn mit den Bösewichtern gefangen – Mein Georg! Mein Georg! –

10 **Ich fahr ihnen alle Tag durch den Sinn:** Ich durchkreuze ihnen stets ihre Pläne

Anführer kommen.

LINK. Auf Herr Hauptmann auf! Es ist nicht säumens Zeit. Der Feind ist in der Nähe und mächtig.

GÖTZ. Wer verbrannte Miltenberg?

METZLER. Wenn Ihr Umstände machen wollt, so wird man Euch weisen wie man keine macht.

KOHL. Sorgt für unsere Haut und Eure. Auf! Auf!

GÖTZ *(zu Metzler).* Drohst du mir? Du Nichtswürdiger. Glaubst du dass du mir fürchterlicher bist weil des Grafen von Helfenstein Blut an deinen Kleidern klebt?

METZLER. Berlichingen!

GÖTZ. Du darfst meinen Namen nennen und meine Kinder werden sich dessen nicht schämen.

METZLER. Mit dir feigen Kerl! Fürstendiener.

GÖTZ *(haut ihm über den Kopf dass er stürzt. Die andern treten darzwischen).*

KOHL. Ihr seid rasend. Der Feind bricht auf allen Seiten rein, und Ihr hadert.

LINK. Auf! Auf!
(Tumult und Schlacht.)

Weislingen. Reuter.

WEISLINGEN. Nach! Nach! Sie fliehen. Lasst euch Regen und Nacht nicht abhalten. Götz ist unter ihnen hör ich. Wendet Fleiß zu dass ihr ihn erwischt. Er ist schwer verwundet, sagen die Unsrigen. *(Die Reuter ab.)* Und wenn ich dich habe! – Es ist noch Gnade wenn wir heimlich im Gefängnis dein Todesurteil vollstrecken. – So verlischt er vor dem Andenken der Menschen, und du kannst freier atmen töriges Herz. *(Ab.)*

23 f. **Wendet Fleiß zu:** Strengt euch an | 29 **töriges:** törichtes: dummes, kindisches

Nacht, im wilden Wald. Zigeunerlager.

Zigeunermutter am Feuer.

MUTTER. Flick das Strohdach über der Grube Tochter, gibt hint Nacht noch Regen genug.

Knab kommt.

KNAB. Ein Hamster Mutter. Da! Zwei Feldmäus.

MUTTER. Will sie dir abziehen und braten, und sollst eine Kapp haben von den Fellchen. – Du blutst?

KNAB. Hamster hat mich bissen.

MUTTER. Hol mir dürr Holz, dass das Feuer loh brennt wenn dein Vater kommt, wird nass sein durch und durch.

Andre Zigeunerin ein Kind auf dem Rücken.

ERSTE ZIGEUNERIN. Hast du brav geheischen?

ZWEITE ZIGEUNERIN. Wenig genug. Das Land ist voll Tumult herum dass man seines Lebens nicht sicher ist. Brennen zwei Dörfer lichterloh.

ERSTE ZIGEUNERIN. Ist das dort drunten Brand, der Schein? Seh ihm schon lang zu. Man ist der Feuerzeichen am Himmel zeither so gewohnt worden.

Zigeunerhauptmann, drei Gesellen kommen.

HAUPTMANN. Hört ihr den wilden Jäger?

ERSTER ZIGEUNER. Er zieht grad über uns hin.

HAUPTMANN. Wie die Hunde bellen! Wau! Wau!

ZWEITER ZIGEUNER. Die Peitschen knallen.

DRITTER ZIGEUNER. Die Jäger jauchzen holla ho!

MUTTER. Bringt ja des Teufels sein Gepäck.

HAUPTMANN. Haben im Trüben gefischt, die Bauern rauben selbst, ist's uns wohl vergönnt.

ZWEITE ZIGEUNERIN. Was hast du Wolf?

WOLF. Einen Hasen, da, und einen Hahn. Ein Bratspieß. Ein Bündel Leinwand. Drei Kochlöffel und ein Pferdzaum.

4 **hint Nacht:** heute Nacht | 10 **loh:** hell | 13 **geheischen:** gebettelt | 21 **wilden Jäger:** Gemeint ist der germanische Gott Wotan, der nach dem Volksglauben mit einem Totenheer auf Jagd zieht. | 26 **des Teufels sein Gepäck:** viel Gepäck

STICKS. Ein wullen Deck hab ich, ein Paar Stiefeln, und Zunder und Schwefel.

MUTTER. Ist alles pudelnass, wollen's trocknen, gebt her.

HAUPTMANN. Horch ein Pferd! Geht seht was ist.

Götz zu Pferd.

GÖTZ. Gott sei Dank dort seh ich Feuer, sind Zigeuner. Meine Wunden verbluten, die Feinde hinterher. Heiliger Gott, du endigst grässlich mit mir.

HAUPTMANN. Ist's Friede dass du kommst?

GÖTZ. Ich flehe Hülfe von euch. Meine Wunden ermatten mich. Helft mir vom Pferd.

HAUPTMANN. Helf ihm. Ein edler Mann, an Gestalt und Wort.

WOLF *(leise).* Es ist Götz von Berlichingen.

HAUPTMANN. Seid willkommen. Alles ist Euer was wir haben.

GÖTZ. Dank Euch.

HAUPTMANN. Kommt in mein Zelt.

Hauptmanns Zelt.

Hauptmann. Götz.

HAUPTMANN. Ruft der Mutter, sie soll Blutwurzel bringen und Pflaster.

GÖTZ *(legt den Harnisch ab).*

HAUPTMANN. Hier ist mein Feiertagswams.

GÖTZ. Gott lohn's.

Mutter verbindt ihn.

HAUPTMANN. Ist mir herzlich lieb Euch zu haben.

GÖTZ. Kennt Ihr mich?

HAUPTMANN. Wer sollte Euch nicht kennen. Götz unser Leben und Blut lassen wir vor Euch.

1 **Ein wullen Deck:** Eine Wolldecke | 21 **Blutwurzel:** Wurzel mit blutstillender Wirkung

Schricks.

SCHRICKS. Kommen durch den Wald Reuter. Sind Bündische.

HAUPTMANN. Eure Verfolger! Sie sollen nit bis zu Euch kommen. Auf Schricks! Biete den andern. Wir kennen die Schliche besser als sie, wir schießen sie nieder ehe sie uns gewahr werden. *(Ab.)*

GÖTZ *(allein)*. O Kaiser! Kaiser! Räuber beschützen deine Kinder. *(Man hört scharf schießen.)* Die wilden Kerls, starr und treu!

Zigeunerin.

ZIGEUNERIN. Rettet euch. Die Feinde überwältigen.

GÖTZ. Wo ist mein Pferd?

ZIGEUNERIN. Hierbei.

GÖTZ *(gürtet sich, und sitzt auf ohne Harnisch)*. Zum letzten Mal sollen sie meinen Arm fühlen. Ich bin so schwach noch nicht. *(Ab.)*

ZIGEUNERIN. Er sprengt zu den Unsrigen. *(Flucht.)*

WOLF. Fort fort! Alles verloren. Unser Hauptmann erschossen. Götz gefangen. *(Geheul der Weiber und Flucht.)*

Adelheidens Schlafzimmer.

Adelheid mit einem Brief.

ADELHEID. Er, oder ich! Der Übermütige! Mir drohn. – Wir wollen dir vorkommen. Was schleicht durch den Saal? *(Es klopft.)* Wer drauß?

Franz leise.

FRANZ. Macht mir auf gnädige Frau.

ADELHEID. Franz! Er verdient wohl dass ich ihm aufmache. *(Sie lässt ihn ein.)*

5 **Biete:** Befiehl

FRANZ *(fällt ihr um den Hals)*. Liebe gnädige Frau.

ADELHEID. Unverschämter! Wenn dich jemand gehört hätte.

FRANZ. O es schläft alles alles.

ADELHEID. Was willst du?

FRANZ. Mich lässt's nicht ruhen. Die Drohungen meines Herrn, Euer Schicksal, mein Herz.

ADELHEID. Er war sehr zornig als du Abschied nahmst?

FRANZ. Als ich ihn nie gesehen. Auf ihre Güter soll sie, sagt' er, sie soll wollen.

ADELHEID. Und wir folgen?

FRANZ. Ich weiß nichts gnädige Frau.

ADELHEID. Betrogener töriger Junge, du siehst nicht wo das hinauswill. Hier weiß er mich in Sicherheit. Denn lange steht's ihm schon nach meiner Freiheit. Er will mich auf seine Güter. Dort hat er Gewalt mich zu behandeln, wie sein Hass ihm eingibt.

FRANZ. Er soll nicht.

ADELHEID. Wirst du ihn hindern?

FRANZ. Er soll nicht.

ADELHEID. Ich seh mein ganzes Elend voraus. Von seinem Schloss wird er mich mit Gewalt reißen, wird mich in ein Kloster versperren.

FRANZ. Hölle und Tod!

ADELHEID. Wirst du mich retten?

FRANZ. Eh alles! Alles!

ADELHEID *(die weinend ihn umhalst)*. Franz, ach uns zu retten!

FRANZ. Er soll nieder, ich will ihm den Fuß auf den Nacken setzen.

ADELHEID. Keine Wut. Du sollst einen Brief an ihn haben, voll Demut dass ich gehorche. Und dieses Fläschchen gieß ihm unter das Getränk.

FRANZ. Gebt. Ihr sollt frei sein.

ADELHEID. Frei! Wenn du nicht mehr zitternd auf deinen Zehen zu mir schleichen wirst. Nicht mehr ich ängstlich zu dir sage, brich auf Franz der Morgen kommt.

8 **Als ich ihn nie gesehen:** Wie ich ihn nie gesehen habe | 12 **töriger:** törichter, dummer

Heilbronn vorm Turn.

Elisabeth. Lerse.

LERSE. Gott nehm' das Elend von Euch gnädige Frau. Marie ist hier.

ELISABETH. Gott sei Dank. Lerse wir sind in entsetzliches Elend versunken. Da ist's nun wie mir alles ahndete, gefangen, als Meuter Missetäter in den tiefsten Turn geworfen.

LERSE. Ich weiß alles.

ELISABETH. Nichts nichts weißt du, der Jammer ist zu groß! Sein Alter, seine Wunden, ein schleichend Fieber, und mehr als alles das, die Finsternis seiner Seelen, dass es so mit ihm enden soll.

LERSE. Auch, und dass der Weislingen Kommissar ist.

ELISABETH. Weislingen!

LERSE. Man hat mit unerhörten Exekutionen verfahren. Metzler ist lebendig verbrannt, zu Hunderten gerädert, gespießt, geköpft, geviertelt. Das Land umher gleicht einer Metzge wo Menschenfleisch wohlfeil ist. ↗

ELISABETH. Weislingen Kommissar! O Gott ein Strahl von Hoffnung. Marie soll mir zu ihm, er kann ihr nichts abschlagen. Er hatte immer ein weiches Herz, und wenn er sie sehen wird, die er so liebte, die so elend durch ihn ist. Wo ist sie?

LERSE. Noch im Wirtshaus.

ELISABETH. Führe mich zu ihr. Sie muss gleich fort. Ich fürchte alles.

Weislingens Schloss.

Weislingen.

WEISLINGEN. Ich bin so krank, so schwach. Alle meine Gebeine sind hohl. Ein elendes Fieber hat das Mark ausgefressen. Keine Ruh und Rast, weder Tag noch Nacht. Im halben Schlummer giftige Träume. Die vorige Nacht begegnete ich Götzen im Wald. Er zog sein Schwert und for-

7 **Meuter:** Meuterer | 18 **Metzge:** Metzgerei | 18 **wohlfeil:** billig, günstig | 29 f. **Alle meine Gebeine sind hohl:** Alle meine Knochen sind morsch

derte mich heraus. Ich fasste nach meinem, die Hand versagte mir. Da stieß er's in die Scheide, sah mich verächtlich an und ging hinter mich. – Er ist gefangen und ich zittere vor ihm. Elender Mensch! Dein Wort hat ihn zum Tode verurteilt und du bebst vor seiner Traumgestalt wie ein Missetäter. – Und soll er sterben? – Götz! Götz! – Wir Menschen führen uns nicht selbst, bösen Geistern ist Macht über uns gelassen, dass sie ihren höllischen Mutwillen an unserm Verderben üben. *(Er setzt sich.)* – Matt! Matt! Wie sind meine Nägel so blau. – Ein kalter kalter verzehrender Schweiß lähmt mir jedes Glied. Es dreht mir alles vorm Gesicht. Könnt ich schlafen. Ach –

Marie tritt auf.

WEISLINGEN. Jesus Marie! – Lass mir Ruh! Lass mir Ruh! – Die Gestalt fehlte noch! – Sie stirbt, Marie stirbt und zeigt sich mir an. – Verlass mich seliger Geist, ich bin elend g'nug.

MARIE. Weislingen ich bin kein Geist. Ich bin Marie.

WEISLINGEN. Das ist ihre Stimme.

MARIE. Ich komme meines Bruders Leben von dir zu erflehen, er ist unschuldig so strafbar er scheint.

WEISLINGEN. Still Marie. Du Engel des Himmels bringst die Qualen der Hölle mit dir. Rede nicht fort.

MARIE. Und mein Bruder soll sterben? Weislingen es ist entsetzlich dass ich dir zu sagen brauche: er ist unschuldig, dass ich jammern muss dich von dem abscheulichsten Mord zurückzuhalten. Deine Seele ist bis in ihre innerste Tiefen von feindseligen Mächten besessen. Das ist Adelbert!

WEISLINGEN. Du siehst der verzehrende Atem des Tods hat mich angehaucht, meine Kraft sinkt nach dem Grabe. Ich stürbe als ein Elender, und du kommst mich in Verzweiflung zu stürzen. Wenn ich reden könnte, dein höchster Hass würde in Mitleid und Jammer zerschmelzen. Oh! Marie! Marie!

8 f. **Mutwillen:** böse Absicht

MARIE. Mein Bruder, Weislingen, verkranket im Gefängnis. Seine schwere Wunden, sein Alter. Und wenn du fähig wärst sein graues Haupt – Weislingen wir würden verzweifeln.

WEISLINGEN. Genug. *(Er zieht die Schelle.)*

Franz in äußerster Bewegung.

FRANZ. Gnädiger Herr.

WEISLINGEN. Die Papiere dort Franz!

FRANZ *(bringt sie).*

WEISLINGEN *(reißt ein Paket auf und zeigt Marie ein Papier).* Hier ist deines Bruders Todesurteil unterschrieben.

MARIE. Gott im Himmel!

WEISLINGEN. Und so zerreiß ich's. Er lebt. Aber kann ich wieder schaffen was ich zerstört habe! Weine nicht so Franz! Guter Junge dir geht mein Elend tief zu Herzen.

FRANZ *(wirft sich vor ihm nieder und fasst seine Knie).*

MARIE *(vor sich).* Er ist sehr krank. Sein Anblick zerreißt mir das Herz. Wie liebt ich ihn, und nun ich ihm nahe, fühl ich wie lebhaft.

WEISLINGEN. Franz steh auf und lass das Weinen. Ich kann wieder aufkommen. Hoffnung ist bei den Lebenden.

FRANZ. Ihr werdet nicht. Ihr müsst sterben.

WEISLINGEN. Ich muss?

FRANZ *(außer sich).* Gift. Gift. Von Eurem Weibe. Ich. Ich. *(Er rennt davon.)*

WEISLINGEN. Marie geh ihm nach. Er verzweifelt.

(Marie ab.)

WEISLINGEN. Gift von meinem Weibe! Weh! Weh! Ich fühl's. Marter und Tod.

MARIE *(inwendig).* Hülfe! Hülfe!

WEISLINGEN *(will aufstehn).* Gott, vermag ich das nicht.

MARIE *(kommt).* Er ist hin. Zum Saalfenster hinaus, stürzt' er wütend in den Main hinunter.

WEISLINGEN. Ihm ist wohl. Dein Bruder ist außer Gefahr. Die andere Kommissaren, Seckendorf besonders sind sei-

5 **Schelle:** Glöckchen, Klingel | 20 f. **Ich kann wieder aufkommen:** Ich kann wieder gesund werden | 30 **inwendig:** aus dem tiefsten Innern

ne Freunde. Ritterlich Gefängnis werden sie ihm auf sein Wort gleich gewähren. Leb wohl Marie und geh.

MARIE. Ich will bei dir bleiben, armer Verlassner.

WEISLINGEN. Wohl verlassen und arm. Du bist ein furchtbarer Rächer Gott! Mein Weib. –

MARIE. Entschlage dich dieser Gedanken. Kehr dein Herz zu dem Barmherzigen.

WEISLINGEN. Geh liebe Seele, überlass mich meinem Elend. Entsetzlich! Auch deine Gegenwart Marie der letzte Trost ist Qual.

MARIE *(vor sich)*. Stärke mich Gott, meine Seele erliegt mit der seinigen.

WEISLINGEN. Weh! Weh! Gift von meinem Weibe. Mein Franz verführt durch die Abscheuliche. Wie sie wartet, horcht auf den Boten, der ihr die Nachricht brächte: er ist tot. Und du Marie. Marie warum bist du gekommen? dass du jede schlafende Erinnerung meiner Sünden wecktest. Verlass mich! Verlass mich! Dass ich sterbe.

MARIE. Lass mich bleiben. Du bist allein. Denk ich sei deine Wärterin. Vergiss alles. Vergesse dir Gott so alles, wie ich dir alles vergesse.

WEISLINGEN. Du Seele voll Liebe bete für mich, bete für mich. Mein Herz ist verschlossen.

MARIE. Er wird sich deiner erbarmen. – Du bist matt.

WEISLINGEN. Ich sterbe, sterbe und kann nicht ersterben. Und in dem fürchterlichen Streit des Lebens und Tods sind die Qualen der Hölle.

MARIE. Erbarmer erbarme dich seiner. Nur Einen Blick deiner Liebe an sein Herz, dass es sich zum Trost öffne, und sein Geist Hoffnung, Lebenshoffnung in den Tod hinüberbringe.

6 f. **zu dem Barmherzigen:** zu Gott als Helfer | 24 **deiner erbarmen:** dir vergeben, mit dir Mitleid haben | 24 **matt:** hier: krank, schwach | 28 **Erbarmer:** Gott als Helfer

In einem finstern engen Gewölb.

Die Richter des heimlichen Gerichts, alle vermummt. ↗

ÄLTESTER. Richter des heimlichen Gerichts, schwurt auf Strang und Schwert unsträflich zu sein, zu richten im Verborgenen, zu strafen im Verborgenen Gott gleich. Sind eure Herzen rein und eure Hände, hebt die Arme empor, ruft über die Missetäter: Wehe! Wehe!

ALLE. Wehe! Wehe!

ÄLTESTER. Rufer beginne das Gericht.

RUFER. Ich Rufer rufe die Klag gegen den Missetäter. Des Herz rein ist, dessen Hände rein sind zu schwören auf Strang und Schwert, der klage bei Strang und Schwert! klage! klage!

KLÄGER *(tritt vor)*. Mein Herz ist rein von Missetat, meine Hände von unschuldigem Blut. Verzeih' mir Gott böse Gedanken und hemme den Weg zum Willen. Ich hebe meine Hand auf und klage! klage! klage!

ÄLTESTER. Wen klagst du an?

KLÄGER. Klage an auf Strang und Schwert Adelheiden von Weislingen. Sie hat Ehebruchs sich schuldig gemacht, ihren Mann vergiftet durch ihren Knaben. Der Knab hat sich selbst gerichtet, der Mann ist tot.

ÄLTESTER. Schwörst du zu dem Gott der Wahrheit, dass du Wahrheit klagst?

KLÄGER. Ich schwöre.

ÄLTESTER. Würde es falsch befunden, beutst du deinen Hals der Strafe des Mords und des Ehebruchs?

KLÄGER. Ich biete.

ÄLTESTER. Eure Stimmen.

(Sie reden heimlich zu ihm.)

KLÄGER. Richter des heimlichen Gerichts, was ist euer Urteil über Adelheiden von Weislingen, bezüchtigt des Ehebruchs und Mords?

ÄLTESTER. Sterben soll sie! Sterben des bittern doppelten Tods. Mit Strang und Dolch, büßen doppelt doppelte Mis-

2 **heimlichen Gerichts:** Femegerichts; vgl. Anm. zu 115,2 | 26 **beutst:** bietest | 32 **bezüchtigt:** bezichtigt

setat. Streckt eure Hände empor, und rufet Weh über sie! Weh! Weh! In die Hände des Rächers.

ALLE. Weh! Weh! Weh!

ÄLTESTER. Rächer! Rächer tritt auf.

RÄCHER *(tritt vor)*.

ÄLTESTER. Fass hier Strang und Schwert. Sie zu tilgen von dem Angesicht des Himmels, binnen acht Tage Zeit. Wo du sie findest nieder mit ihr in Staub. Richter die ihr richtet im Verborgenen und strafet im Verborgenen Gott gleich, bewahrt euer Herz für Missetat und eure Hände vor unschuldigem Blut.

Hof einer Herberge.

Marie. Lerse.

MARIE. Die Pferde haben g'nug gerastet. Wir wollen fort Lerse.

LERSE. Ruht doch bis an Morgen. Die Nacht ist gar zu unfreundlich.

MARIE. Lerse ich habe keine Ruh bis ich meinen Bruder gesehen habe. Lass uns fort. Das Wetter hellt sich aus, wir haben einen schönen Tag zu gewarten.

LERSE. Wie Ihr befehlt.

Heilbronn im Turn.

Götz. Elisabeth.

ELISABETH. Ich bitte dich lieber Mann rede mit mir. Dein Stillschweigen ängstet mich. Du verglühst in dir selbst. Komm lass uns nach deinen Wunden sehen, sie bessern sich um vieles. In der mutlosen Finsternis erkenn ich dich nicht mehr.

GÖTZ. Suchtest du den Götz? Der ist lang hin. Sie haben mich nach und nach verstümmelt, meine Hand, meine Freiheit, Güter und guten Namen. Mein Kopf was ist an dem? – Was hört Ihr von Georgen? Ist Lerse nach Georgen?

6 tilgen: auslöschen | **19 aus:** auf | **20 gewarten:** erhoffen

ELISABETH. Ja Lieber! Richtet Euch auf, es kann sich vieles wenden.

GÖTZ. Wen Gott niederschlägt, der richtet sich selbst nicht auf. Ich weiß am besten was auf meinen Schultern liegt. Unglück bin ich gewohnt zu dulden. Und jetzt ist's nicht Weislingen allein, nicht die Bauern allein, nicht der Tod des Kaisers und meine Wunden. – Es ist alles zusammen. Meine Stunde ist kommen. Ich hoffte sie sollte sein wie mein Leben. Sein Will geschehe.

ELISABETH. Willt du nicht was essen?

GÖTZ. Nichts meine Frau. Sieh wie die Sonne draußen scheint.

ELISABETH. Ein schöner Frühlingstag.

GÖTZ. Meine Liebe, wenn du den Wächter bereden könntest mich in sein klein Gärtchen zu lassen auf eine halbe Stunde, dass ich der lieben Sonne genösse, des heitern Himmels und der reinen Luft.

ELISABETH. Gleich! Und er wird's wohl tun.

Gärtchen am Turn.

Marie. Lerse.

MARIE. Geh hinein und sieh wie's sieht.
(Lerse ab.)

Elisabeth. Wächter.

ELISABETH. Gott vergelt' Euch die Lieb und Treu an meinem Herrn. *(Wächter ab.)* Marie was bringst du?

MARIE. Meines Bruders Sicherheit. Ach aber mein Herz ist zerrissen. Weislingen ist tot, vergiftet von seinem Weibe. Mein Mann ist in Gefahr. Die Fürsten werden ihm zu mächtig, man sagt er sei eingeschlossen und belagert.

ELISABETH. Glaubt dem Gerüchte nicht. Und lasst Götzen nichts merken.

MARIE. Wie steht's um ihn?

ELISABETH. Ich fürchtete er würde deine Rückkunft nicht er-

33 **Rückkunft:** Rückkehr

leben. Die Hand des Herrn liegt schwer auf ihm. Und Georg ist tot.

MARIE. Georg! der goldne Junge!

ELISABETH. Als die Nichtswürdigen Miltenberg verbrannten, sandte ihn sein Herr ihnen Einhalt zu tun, da fiel ein Trupp Bündischer auf sie los. Georg! hätten sie sich alle gehalten wie er, sie hätten all das gute Gewissen haben müssen. Viel wurden erstochen, und Georg mit, er starb einen Reuterstod.

MARIE. Weiß es Götz?

ELISABETH. Wir verbergen's vor ihm. Er fragt mich zehnmal des Tags, und schickt mich zehnmal des Tags zu forschen was Georg macht. Ich fürchte, seinem Herzen diesen letzten Stoß zu geben.

MARIE. O Gott, was sind die Hoffnungen dieser Erden.

Götz. Lerse. Wächter.

GÖTZ. Allmächtiger Gott. Wie wohl ist's einem unter deinem Himmel. Wie frei! Die Bäume treiben Knospen und alle Welt hofft. Lebt wohl meine Lieben meine Wurzeln sind abgehauen, meine Kraft sinkt nach dem Grabe.

ELISABETH. Darf ich Lersen nach deinem Sohn ins Kloster schicken, dass du ihn noch einmal siehst und segnest?

GÖTZ. Lass ihn er ist heiliger als ich, er braucht meinen Segen nicht. – An unserm Hochzeittag Elisabeth ahndete mir's nicht, dass ich so sterben würde. – Mein alter Vater segnete uns, und eine Nachkommenschaft von edlen tapfern Söhnen, quoll aus seinem Gebet. – Du hast ihn nicht erhört, und ich bin der Letzte. – Lerse dein Angesicht freut mich in der Stunde des Tods mehr als im mutigsten Gefecht. Damals führte mein Geist den eurigen, jetzt hältst du mich aufrecht. Ach dass ich Georgen noch einmal sähe, mich an seinem Blick wärmte! – Ihr seht zur Erden und weint – Er ist tot – Georg ist tot. – Stirb Götz – Du hast dich selbst überlebt, die Edlen überlebt. – Wie starb er? – Ach fingen sie ihn unter den Mordbrennern, und er ist hingerichtet?

24 f. **ahndete mir's nicht:** ahnte ich (noch) nicht

ELISABETH. Nein er wurde bei Miltenberg erstochen. Er wehrte sich wie ein Löw um seine Freiheit.

GÖTZ. Gott sei Dank. Er war der beste Junge unter der Sonne und tapfer. – Löse meine Seele nun. – Arme Frau. Ich lasse dich in einer verderbten Welt. Lerse verlass sie nicht – Schließt eure Herzen sorgfältiger als eure Tore. Es kommen die Zeiten des Betrugs, es ist ihm Freiheit gegeben. Die Nichtswürdigen werden regieren mit List, und der Edle wird in ihre Netze fallen. Marie gebe dir Gott deinen Mann wieder. Möge er nicht so tief fallen als er hoch gestiegen ist. Selbitz starb, und der gute Kaiser, und mein Georg. – Gebt mir einen Trunk Wasser. – Himmlische Luft. – Freiheit! Freiheit! *(Er stirbt.)* ↗

ELISABETH. Nur droben droben bei dir. Die Welt ist ein Gefängnis.

MARIE. Edler Mann! Edler Mann! Wehe dem Jahrhundert das dich von sich stieß.

LERSE. Wehe der Nachkommenschaft die dich verkennt.

Anhang

1. Zur Textgestalt

Der Werktext der vorliegenden Ausgabe ist seiten- und zeilengleich mit der Ausgabe der Universal-Biliothek Nr. 71; er folgt dem Erstdruck:

> [Anonym:] Götz von Berlichingen mit der eisernen Hand. Ein Schauspiel. [o. O.] 1773.

Die Orthographie wurde auf der Grundlage der gültigen amtlichen Rechtschreibregeln behutsam modernisiert; der originale Lautstand und grammatische Eigenheiten blieben gewahrt. In Wörtern wie *mögten, Mädgen, Söhngen* wurde *g* durch *ch* ersetzt. Die Schreibung *s* und *ß* wurde zur besseren Lesbarkeit dem heutigen Lautwert angeglichen, auch wenn dadurch eventuell dialektal geprägte Formen verschleiert werden. Nach Fragesätzen, die im Erstdruck in vielen Fällen mit Punkt schließen, wurde ein Fragezeichen gesetzt. Offensichtliche Druckfehler sind stillschweigend korrigiert, wobei spätere Drucke des Schauspiels in Zweifelsfällen herangezogen wurden. Das im Erstdruck noch fehlende Personenverzeichnis wurde nach der Ausgabe in *Goethes Schriften. Zweyter Theil* von 1775 ergänzt. Die Interpunktion folgt der Druckvorlage.

Editorische Eingriffe:
39,6 Läufern] Laufern
48,3 verleiden] verleiten
85,9 begleiten] bekleiden
117,4 Schultern] Schuldern

Zu den Wort- und Sacherläuterungen

Die Wort- und Sacherläuterungen basieren in Teilen auf den Erläuterungen in: Volker Neuhaus, *Erläuterungen und Dokumente. Johann Wolfgang Goethe: »Götz von Berlichingen«*, Stuttgart: Reclam, 1973 [u. ö.].

2. Anmerkungen

3,1 **Personen:** Im personenreichen *Götz* treten sowohl historische als auch fiktionale (d. h. ausgedachte) Personen auf. Die wichtigsten historischen Gestalten neben Götz selbst (um 1480–1562) sind Kaiser Maximilian I. (1459–1519) und Franz von Sickingen (1481–1523). Hanns von Selbitz, der Knecht Georg und der Bauernkriegsführer Metzler sind aus der Autobiografie des historischen Götz bekannt. Eine weitere dort genannte namenlose Figur nennt Goethe Lerse, in Erinnerung an einen Studienfreund.

5,2 **Schwarzenberg in Franken:** Der *Götz* spielt an mehreren Orten in Franken und Schwaben. Die wichtigsten Orte sind Bamberg (Handlungszentrum um die Figuren Weislingen und Adelheid) sowie die Burg Jagsthausen (Handlungszentrum um die Figur Götz); vgl. die Karte, S. 134.

5,6 **Branntewein:** Branntwein: Schnaps. Die Sprache in Goethes *Götz* ist heute an einigen Stellen nur noch schwer zu verstehen. Wörter und Redewendungen sind für Leser des 21. Jahrhunderts häufig erklärungsbedürftig. Anderes aber ist recht leicht zu übersetzen: »Reuter« sind »Reiter« (5,4), »keichen« ist »keuchen« (11,20), ein »Türner« ein »Türmer« (17,11). In »Branntewein« muss man nur einen Buchstaben streichen; und in »Gleit« (5,14) muss man nur einen ergänzen, um das »Geleit« (also die Schutzbegleitung) zu erhalten. Andere Fälle sind kniffliger: »mess christlich« (5,6 f.), das erste sprachliche Problem gleich in der ersten Dialogzeile, ist aber verständlich, wenn man bedenkt, dass es sich um eine Wirtshausszene handelt: Mit ›Schenk ordentlich nach‹ wäre der Ausdruck in etwa wiederzugeben.

5,31 f. **Da werfen sie ... nichts weniger versieht:** Nahezu unerschöpflich ist die Vielfalt der Redewendungen, wenn es im *Götz* darum geht, vollen Körpereinsatz bei Kampf- und Gewalthandlungen zu beschreiben, zum Beispiel: »lausen« (5,33) für ›feste zuschlagen‹; »ausreiben« (6,7 f.) für ›eine Abreibung verpassen‹; »dir über die Glatze kommen« (6,26 f.) für ›auf dich losgehen‹; »plauen« (6,28) für ›prügeln‹; »nun wollen wir über die draus« (7,20) für ›die machen wir draußen fertig‹; »packten weidlich an« (17,30) für ›fielen über sie her‹, »patschen« (69,32) für ›schlagen, klatschen‹.

7,21 **Bengel:** Das Waffenarsenal eines einfachen spätmittelalterlichen Kriegers war durchaus primitiv. »Bratspieße« (7,21) waren einfache Lanzen, also lange Stangen mit spitzem Ende. Ein »Kürass« (8,11; auch als Harnisch bekannt) ist ein meist lederner Brust- und Rückenpanzer, das »Wams« (9,3) eine Weste, die als Unterjacke unter dem Kürass getragen wurde. Die derart geschützten Reiter hießen deshalb auch »Kürassiere«. Zur wertvolleren Ausrüstung gehörte die »Armbrust« (9,6), also eine bogenähnliche Fernwaffe, die im Stehen bedient wird und »Bolzen« verschießt (9,1). Auch »Bogenschützen« (16,10) waren Teil der spätmittelalterlichen Heere. Eine Feuerwaffe, die bereits den neueren Gewehren ähnelt, war die »Büchse« (83,2). Die einfachen Fußsoldaten waren meist mit »Piken« bewaffnet (76,32), also Spießen oder Hieb- und Stichwaffen wie Hellebarden. Die Träger dieser Waffen wurden deshalb als »Pikeniere« bezeichnet.

9,28 **Titul:** Bruder Martin weist Götz darauf hin, dass er kein geweihter Priester ist, als der er die Anrede »Ehrwürdiger Vater« verdienen würde. Er ist nur Frater, also (demütiger) Laienbruder, der im Kloster hauptsächlich für handwerkliche Arbeiten eingesetzt wird. Trat man in ein Kloster ein, wurde der weltliche Taufname durch den mönchischen Klosternamen ersetzt. Dass Martin seinen Taufnamen lieber hört, zeigt dem Leser bereits früh seine Probleme mit dem Klosterleben an.

11,22 **Jämmerlichkeiten eines Stands:** Gemeint ist der geistliche Stand. Die mittelalterliche Ständegesellschaft hatte um 1500 weiterhin Gültigkeit. Ganz oben hatte der Adel die Macht (Wehrstand). Daneben waren die Geistlichen für das Bildungswesen und den Glauben zuständig (Lehrstand). Der »dritte Stand« waren traditionell die Bauern, die die Felder bestellten (Nährstand). Diese »gottgegebene« Ordnung wurde allmählich durch das erstarkende wohlhabende Bürgertum in den Städten (Handwerker und Kaufleute) in Frage gestellt.

11,33 **Rauchfässer:** Gefäße an einer Kettenkonstruktion, die in der katholischen Kirche zur Verbrennung von Weihrauch verwendet werden.

11,34 f. **Ave und Halleluja:** Ave Maria: Beginn und Name eines Grundgebetes in der katholischen Kirche. Halleluja: hebr., ›Lobpreis den Herrn‹. Ausruf, der als zentraler Bestandteil in die römisch-katholische Messe eingegangen ist.

11,36–12,2 **Kein Gelübde … Schöpfer selbst gestiftet hat:** Die Szene mit Götz und Bruder Martin gipfelt in diesem Satz. Aus ihm erklärt sich der vordergründig schwer verständliche religiöse Gehalt der ganzen Szene. Der vom Schöpfer selbst gestiftete »Orden«, den Bruder Martin hier meint, ist die Menschheit selbst, in deren Reihen er zurückkehren will. Hinter den Klostermauern, in seinem Mönchsorden, habe er nämlich ein unmenschliches, menschenunwürdiges Leben geführt, das von Freudlosigkeit, »Armut, Keuschheit und Gehorsam« (11,16) geprägt gewesen sei. Goethes Religionskritik, die hier zum Ausdruck kommt, basiert also auf einer Einsicht in die leidenschaftliche, sinnliche Natur des Menschen, was typisch ist für die Literaturepoche des »Sturm und Drang«. Darüber hinaus assoziiert Goethe den Mönch Martin mit Martin Luther, der in den Jahren, in denen der *Götz* spielt, ebenfalls Augustinermönch in Erfurt war. Luther, so deutet Goethe an, habe durch seine kirchlichen Reformen später der christlichen Religion ein menschlicheres Gesicht geben können.

12,25 f. **des lebet er noch eins so lang:** Besonders die Szene mit Bruder Martin, aber auch der gesamte *Götz* sind durchsetzt mit Bibelzitaten. »Wol dem / der ein tugentsam Weib hat / Des lebet er noch einest so lange«, lautet die Luther-Übersetzung der Stelle.

17,29 f. **fallen fünf Wölf in die Herd':** Im Wappen der Berlichingens ist ein Wolf zu sehen, der ein Schaf verschlingt.

22,28 f. **das Schlenzen und Scharwenzen:** (auf die heutige Jugendsprache übertragen) das »Abhängen« und »Klarmachen«.

23,3 **Vasallen:** Der Konflikt zwischen Götz und Weislingen ist politischer Natur. Im Kern läuft es darauf hinaus, dass die freie mittelalterliche Reichsritterschaft, zu der sowohl Götz als auch Weislingen von Geburt gehörten, nur ihrem obersten Lehnsherrn, dem Kaiser (also in jenen Jahren Maximilian I.), dienstpflichtig war. Götz will dieses besondere Treueverhältnis gegen alle Widerstände bewahren. Im 15. Jahrhundert war es jedoch zu bedeutsamen machtpolitischen Verschiebungen in Deutschland gekommen. Die größeren Fürsten des Reiches (also Herzöge, Markgrafen, Fürstbischöfe usw.) hatten ihre Position, obwohl sie formell Vasallen des Kaisers blieben, allmählich zu Lasten von Kaiser und Reichsritterschaft gestärkt und ihre Herrschaftsgebiete zu regelrechten Staatswesen mit eigener Verwaltung und attraktiver Hofkultur ausgebaut. Viele unabhängige Reichsritter wie Weislingen folgten deren Ruf und nahmen Stellungen in den fürstlichen Heeren an.

23,19 **von den Ständen Hülfe:** Der hier von Weislingen benutzte

Begriff »Stände« ist nicht gleichzusetzen mit dem weiter oben (Anm. zu 11,22) erklärten sozialgeschichtlichen Begriff, sondern ist politisch zu verstehen. Als »Reichsstände« wurden alle geistlichen und weltlichen Fürsten oder Grafen sowie Orden und Städte bezeichnet, die auf dem Reichstag (vgl. Anm. zu 24,17) Sitz und Stimme hatten.

23,35 f. **Pfannenflicker:** wandernder Handwerker, der Metallgegenstände repariert.

24,15 **Landfrieden:** Der Landfrieden war im Mittelalter eine Maßnahme zum Verbot oder wenigstens zur Eindämmung von Fehden zwischen verfeindeten Adligen. Götz erinnert sich hier konkret an den »Ewigen Landfrieden«, der 1495 auf dem Reichstag von Worms als Reichsgesetz beschlossen wurde. Der Begriff hat sich im heutigen Strafrecht im Straftatbestand »Landfriedensbruch« erhalten, also als Straftat gegen die öffentliche Ordnung zum Beispiel im Gefolge gewalttätiger Ausschreitungen.

24,17 **Reichstag:** Der damalige Reichstag beschloss zwar auch Gesetze, ist aber nicht mit einer parlamentarischen Vertretung aller Bürger zu vergleichen. Auf einem spätmittelalterlich-frühneuzeitlichen Reichstag hatten nur die (fast ausschließlich adligen) Reichsstände Stimmrecht. Ein Reichstag wurde vom Kaiser einberufen. In der Verfassungsordnung des Heiligen Römischen Reiches war der Reichstag das Gegengewicht zum Kaiser. Götz und Weislingen sind als Reichsritter keine Reichsstände, wenn auch »reichsunmittelbar«, d. h. nur dem Kaiser unterstellt.

25,20 f. **Olearius beider Rechten Doktor, Liebetraut:** Olearius ist Doktor des kanonischen und des römischen Rechts, also des kirchlichen und des weltlichen (Zivil-)Rechts. Liebetraut ist Hofnarr am Hofe des Bischofs, ist also dazu da, den Höflingen unangenehme Wahrheiten ins Gesicht zu sagen und ihnen einen »Spiegel vorzuhalten«. In dem folgenden Wortgefecht zwischen Olearius und Liebetraut behandelt Goethe einen auch zu seiner Zeit noch aktuellen Streit, ob dem »römischen« oder dem »germanischen« Recht der Vorzug zu geben sei. Das vor allem in Bologna (25,23 f.) gelehrte römische Recht wird dabei negativ mit gesetzestreuem, blindem »Gelehrtenrecht« (z. B. 26,29 ff.; 27,36 ff.), das germanische Recht positiv mit lebendigem, mündlich tradiertem »Volksrecht« identifiziert.

27,18 **Schöppenstuhl:** rechtsprechendes Organ eines spätmittelalterl. Gerichts. Er bestand aus »Schöffen« (27,25), juristischen

Laien, die zwischen zwei Parteien Recht ›schaffen‹ sollten. »Statuten« (27,27) sind juristische Satzungen, also Verfahrensregeln. »Casus« (27,31) sind juristische Fälle. Wer den Doktorgrad (hier: die Narrenkappe) erwirbt, »promoviert« (29,6).

29,1 **Schröpfköpfe:** in der mittelalterl. Medizin gläserne Saugglocken über erkrankten Organen zum Anziehen von Blut.

29,23 **trotz ein vierzig Landfriedens:** trotz der vielen erlassenen Landfrieden.

30,32 f. **Post coenam stabis seu passus mille meabis:** lat. Sprichwort: Nach dem Essen sollst du ruhn oder tausend Schritte tun.

39,21 **in usum Delphini:** (lat.) »zum Gebrauch des Dauphin«; *dauphin*: von 1349 bis 1830 Titel des französisischen Thronfolgers, der auf den Beinamen des Grafen Guignes IV. von Albon (gest. 1142) zurückgeht, der sich selbst *dauphin*, ›Delfin‹ nannte. Der Delfin war das Wappentier seiner Nachkommen und ist auch heute noch Bestandteil des Wappens der Dauphiné (Landschaft im Südosten Frankreichs).

39,25 **Geschlechtsregister:** Ursprünglich nur auf die biblische Ahnentafel Jesu bezogen, wird der Begriff hier neutral für »Familienstammbaum« benutzt.

47,19 **Strafe der Acht:** Die Acht, ursprünglich die Ausstoßung aus der Gemeinschaft, war im spätmittelalterlichen Recht nur noch als Strafe für den Bruch des Landfriedens vorgesehen. Hier ist eine Reichsacht gemeint, die nur vom Kaiser ausgesprochen werden konnte. Der historische Götz wurde 1512 und noch einmal 1518 geächtet und erst 1540 durch den Kaiser von der Acht erlöst.

52,13 **Phönix:** Vogel der griech. Mythologie, der sich durch Verbrennung verjüngt; hier wegen seiner außerordentlichen Seltenheit aufgerufen.

55,4 **Assessor Sapupi:** »Assessor« ist eine juristische Dienstbezeichnung. Der Name Sapupi bildet ein Anagramm zu Papius, einem umstrittenen Assessor am Reichskammergericht in Wetzlar zur Zeit von Goethes dortigem Aufenthalt 1772. Zwei Jahre später wurde Papius wegen Unkorrektheiten entlassen.

Die Bauernhochzeitsszene nutzt Goethe erneut, um juristische Zeitkritik und Kenntnisse über das Rechtswesen im Heiligen Römischen Reich einzuflechten. Die »Perucken« (55,2) stehen spöttisch für die perückentragenden Richter. Ein »Prokurator« (55,15) ist ein Dienstgrad in der Rechtspflege, dem »Reverenz« (55,15), also Ehrfurcht, zu bezeugen war. »Visitationen« (55,17) sind offizielle Kontrollbesuche. Auch die Stadt »Speyer« (56,9) als Sitz des Reichskammergerichts bis 1689 wird erwähnt.

59,11 **Leibeigne:** Leibeigene: einem Grundherrn lebenslang dienstverpflichtete Bauern.

59,18 **Urfehde schwören:** feierlich der Fehde abschwören: Ursprünglich war die Urfehde ein Eid, welchen ein entlassener Kriegsgefangener dahingehend ableisten musste, sich nicht mehr in Fehde mit demjenigen einzulassen, der ihm die Freiheit schenkte. Im späteren Strafrecht verstand man darunter zunehmend das Gelöbnis von Rittern, sich friedlich und gesetzeskonform zu verhalten, vor allem aber nicht mehr im Sinne des Fehderechtes zur Selbsthilfe zu greifen. Modern ausgedrückt: Man akzeptierte das Gewaltmonopol des Staates. Nach damaligen Maßstäben »entmannte« sich der freie Ritter jedoch selbst.

61,19 f. **Bei Mädchen … gebeizt … bald gar:** Beize: Marinade, die Fleisch (hier die Mädchen) mürbe macht und die Kochzeit (hier das Warten auf die Hochzeit) verkürzt.

73,20 **wann es nur noch brave Kerls wären:** wenn es allein tapfere Männer wären.

77,16 f. **Er aber, sag's ihm, er kann mich im Arsch lecken:** Der Nachruhm des *Götz* beruht nicht zuletzt auf diesem Zitat, das Goethe als »Schwäbischen Gruß« bereits vorgefunden hatte. Beim historischen Götz hingegen steht: »da schrie ich wieder zu ihme, hinuf, er solte mich hinden lecken«. In späteren Nachdrucken milderte Goethe – wohl auf Anraten von Freunden – den Ausdruck, indem er nach »er kann mich« drei Gedankenstriche setzen ließ.

84,2 **Heilbronn:** Seine Gefangenschaft in Heilbronn und seine Befreiung durch Sickingen (1519) beschreibt der historische Götz ausführlich in seiner Autobiografie, der Goethe in den folgenden Szenen bis ins Detail folgt.

84,4 f. **Ich komme mir vor … Sack beschwur:** Goethe führt hier einen elsässischen Volksglauben an. Wenn ein Mensch von einem bösen Geist besessen war, holte man einen Kapuzinermönch (also einen Angehörigen eines katholischen Bettelordens), der den Geist in einen Sack bannte. Der Sack konnte dann fest zugeschnürt und weggeschafft werden. An einem vorherbestimmten Ort im Wald ließ man den Geist frei.

89,33 f. **er ist Mann es zu halten:** er ist Manns genug, seine Drohung in die Tat umzusetzen.

93,14 **Karl:** Gemeint ist Maximilians Enkel Karl, der später als Karl V., Kaiser des Heiligen Römischen Reiches, Weltgeschichte schrieb. Gleichzeitig spanischer König, herrschte er über ein Reich, in dem, so die Redensart, die Sonne niemals unterging.

95,29 f. **So schreib doch deine Geschichte aus die du angefangen hast:** Goethe führt hier die vom historischen Götz abgefasste Lebensbeschreibung ein, die er als Vorlage für sein Drama wählte. Meistens spinnt Goethe die Vorlage mit poetischer Freiheit aus, doch einige Stellen übernimmt er mehr oder weniger direkt (vgl. Anm. zu 84,2), z. B. auch die Anekdoten vom Wolfseinfall in eine Schafherde (17,28 ff.) und von der Bloßstellung des Bischofs von Bamberg im Heidelberger Gasthaus »Zum Hirsch« (18,33 ff.) oder die Geschichte von der Zurückweisung eines Zettels, der ihm das weitere militärische Vorgehen diktiert hätte (62,25 ff.).

98,2 **Bauernkrieg:** Unter dem Bauernkrieg versteht man den Aufstand süd- und mitteldeutscher Bauern und Städte gegen die landesfürstliche Gewalt in den Jahren 1524 bis 1526. In den »12 Artikeln« forderten die Bauern unter anderem die Einschränkung der Lasten und Dienste, die Aufhebung der Leibeigenschaft und die Freiheit der Jagd und des Fischfangs, die Zurückdrängung des römischen Rechts, zum Teil auch die Neuordnung des Reichs.

111,16 f. **gerädert ... geviertelt:** Aufzählung von gängigen Hinrichtungsmethoden. Rädern: Hinrichtungsmethode, bei der den Verurteilten die Körperteile mit einem Rad zermalmt wurden, auf das sie anschließend noch häufig lebend »geflochten« wurden. Vierteilung: Hinrichtungsmethode, bei der der Verurteilte von vier Pferden, die man an seine Arme und Beine gebunden hatte, in vier Teile zerrissen wurde.

115,2 **heimlichen Gerichts:** Ein »heimliches Gericht« / Femegericht ist eine ländliche Gerichtsform, die sich im 14. Jahrhundert von Westfalen aus in ganz Deutschland ausgebreitet hatte, aber zur Zeit des *Götz* von den Landesherren, die ihre Rechtshoheit gefährdet sahen, bereits wieder bekämpft wurde. Wer der Ladung vor ein Femegericht nicht nachkam, war »verfemt«, es drohte ihm also die Vollstreckung, ohne dass ihm das Urteil vorher mitgeteilt wurde. Charakteristisch für den Femeprozess war ferner die Möglichkeit eines Freikaufs sowie der sofortigen Vollstreckung eines Urteils.

119,13 **Er stirbt:** In Wirklichkeit starb Götz hochbetagt im Jahre 1562.

3. Leben und Zeit

Q

»Johann Wolfgang von Goethe wird am 28. August 1749 als Sohn einer Patrizierfamilie in Frankfurt am Main geboren. Sein Vater lässt Johann Wolfgang und dessen Schwester Cornelia von Hauslehrern erziehen.

Zwei Kindheitserlebnisse sind für Goethe prägend. Seine Familie erlebt er als politisch gespalten: Der Großvater steht während des Siebenjährigen Krieges (1756–63) auf Seiten des deutschen Kaisers, Vater Goethe dagegen unterstützt einen ›Territorialfürsten‹ (Friedrich den Großen). In diese zwei Lager teilt sich später auch die Figurenkonstellation in *Götz von Berlichingen*.

Ein Puppenspiel, das ihm seine Großmutter schenkt, entfacht bei Goethe eine frühe Begeisterung für das Theater. Als Kind besucht er oft das Theater der französischen Besatzer in Frankfurt.

Mit 16 Jahren beginnt Goethe auf väterlichen Wunsch ein Jurastudium in Leipzig; er interessiert sich aber in erster Linie für Kunst und Literatur. So schreibt er als Student, der damaligen Mode entsprechend, Rokokolyrik (lebensfrohe, geistreich-witzige Liebesgedichte und ›Schäferlyrik‹).

Mit 19 Jahren erkrankt Goethe schwer. Er lässt sich von seiner Mutter und deren Freundin wieder gesundpflegen; in dieser Zeit wendet er sich dem Pietismus zu, dem die beiden Frauen angehören. Der Pietismus war eine religiöse Erneuerungsbewegung, die außerhalb der Kirche ein inniges seelisches Verhältnis der Gläubigen zu Gott anstrebte. Deren charakteristische Angewohnheit der Selbsterforschung und Neigung zur Mystik (die auf das religiöse Erweckungserlebnis gerichtet ist) macht der junge Goethe sich bald zu eigen. Außerdem interessiert er sich für Magie und Alchemie (die von der katholischen Kirche als ketzerisch verdammte ›Geheimwissenschaft‹ von der Wirkung der Naturkräfte).

Als Goethe 1770 wieder gesundet, setzt er sein Studium in Straßburg fort; dort kommt es zu zwei schicksalhaften Begegnungen. So verliebt er sich in die Sesenheimer Pfarrerstochter Friederike Brion (die in zahlreiche Frauenfiguren seiner Werke eingegangen ist, unter anderem in Maria von Berlichingen, die von Weislingen verlassen wird).

Goethe begegnet außerdem dem Gelehrten Johann Gottfried Herder (1744–1803), der sein geistiger Mentor und erster Kritiker wird (und 1771 als Erster den *Urgötz* zu lesen bekommt). Herder begeistert den jungen Goethe für die Ursprünglichkeit der Dichtung des Altertums (Homer, Pindar), für Volkspoesie (Volkslieder, Sinn- und Zaubersprüche etc.) sowie für Shakespeares Geschichtsdramen.«

Kathleen Ellenrieder: Lektüreschlüssel. Johann Wolfgang Goethe: »Götz von Berlichingen«. Stuttgart: Reclam, 2003. S. 53 f.

In Götz erkennt der junge Goethe eine Art »Alter Ego« (lat., ›anderes Ich‹). Dies betrifft freilich nur seine künstlerische Existenz als Dichter, die auf Freiheitsdrang, Rebellion und Geniekult ausgerichtet ist. Diese Selbststilisierung Goethes nimmt mit Sicherheit ihren Anfang bereits in der Zeit seines Aufenthaltes in Straßburg. In der Autobiografie *Dichtung und Wahrheit* erinnert sich Goethe an seinen ersten Kontakt mit dem Götz-Stoff: »Die Gestalt eines rohen, wohlmeinenden Selbsthelfers in wilder, anarchischer Zeit erregte meinen tiefsten Anteil.« Nach erfolgreichem Abschluss des Studiums begann Goethe als Rechtsanwalt in seiner Heimatstadt Frankfurt zu praktizieren. Dort schrieb er auf Drängen seiner Schwester Cornelia im Herbst 1771 innerhalb von sechs Wochen die »dramatisierte Geschichte« des Götz nieder, später als »Ur-Götz« bezeichnet. Die Umarbeitung zum hier vorliegenden Schauspiel erfolgte Anfang 1773 und wurde von Goethe anonym im Selbstverlag veröffentlicht.

In der buntscheckigen Anlage des Stückes spiegelt sich vor allem die intensive Beschäftigung des jungen Goethe mit den Geschichtsdramen William Shakespeares (1564–1616). Die ›Wahlverwandtschaft‹ mit dem englischen Dichter war Anfang der 1770er Jahre kulturell umstürzend. Goethe rückte wie viele andere junge Dichter seiner Zeit von den Vorbildern der Antike und des darauf basierenden französischen Klassizismus ab, der als unwahr und leblos wahrgenommen wurde. Herder kündigte das kommende Stück seines Schützlings bereits als deutsche Erfüllung der herbeigesehnten Shakespeare-Nachfolge an, was einiges zu seinem Erfolg beitrug.

Doch Goethes Innovationen wurden skeptisch oder sogar feindselig aufgenommen. In der dramatischen Theorie um die Mitte des 18. Jahrhunderts galten noch immer die auf der Poetik des Aristoteles fußende Einheit von Ort, Zeit und Handlung und die Regelhaftigkeit im gemessenen Stil als dichterisches Ideal. Der *Götz* bot dem Leser viel, aber dies nun gerade nicht: Das Stück lebt von Lücken in der Chronologie, raschen Schauplatzwechseln, fragwürdigen Handlungsmotivationen und ›unangemessener‹, weil derber und volkstümlicher Sprache.

Abb. 1: Johann Wolfgang Goethe, Bleistiftzeichnung von Georg Friedrich Schmoll, 1775

4. Übersichten zum Drama

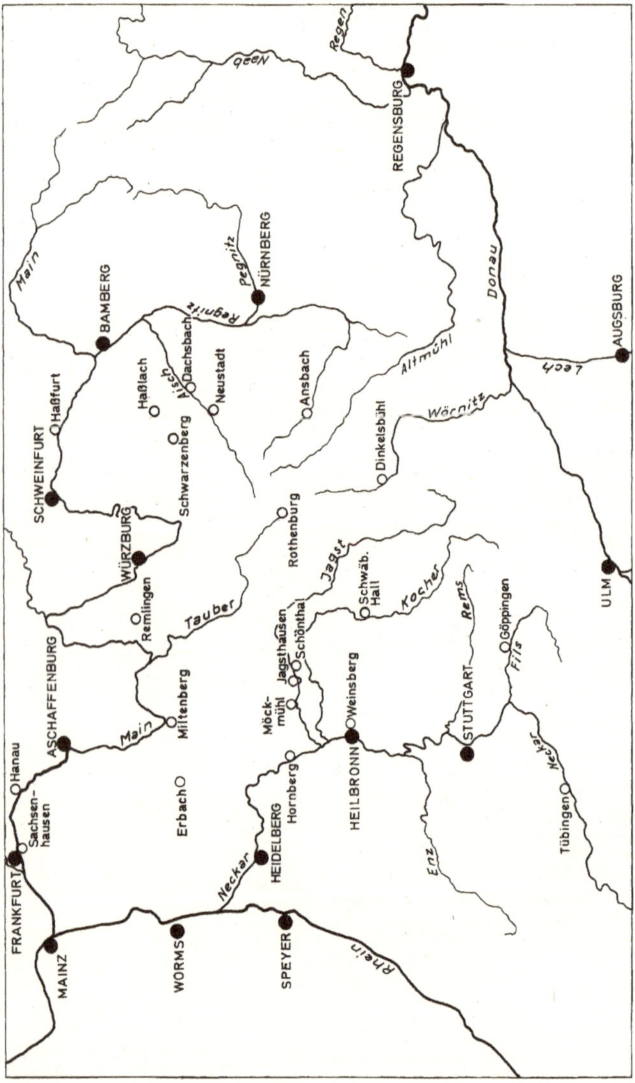

Karte der Schauplätze des Dramas. Aus: Volker Neuhaus: Erläuterungen und Dokumente. Johann Wolfgang Goethe: »Götz von Berlichingen«. Erw. und bibliogr. erg. Ausg. Stuttgart: Reclam, 2003 [u. ö.]. S. 67.

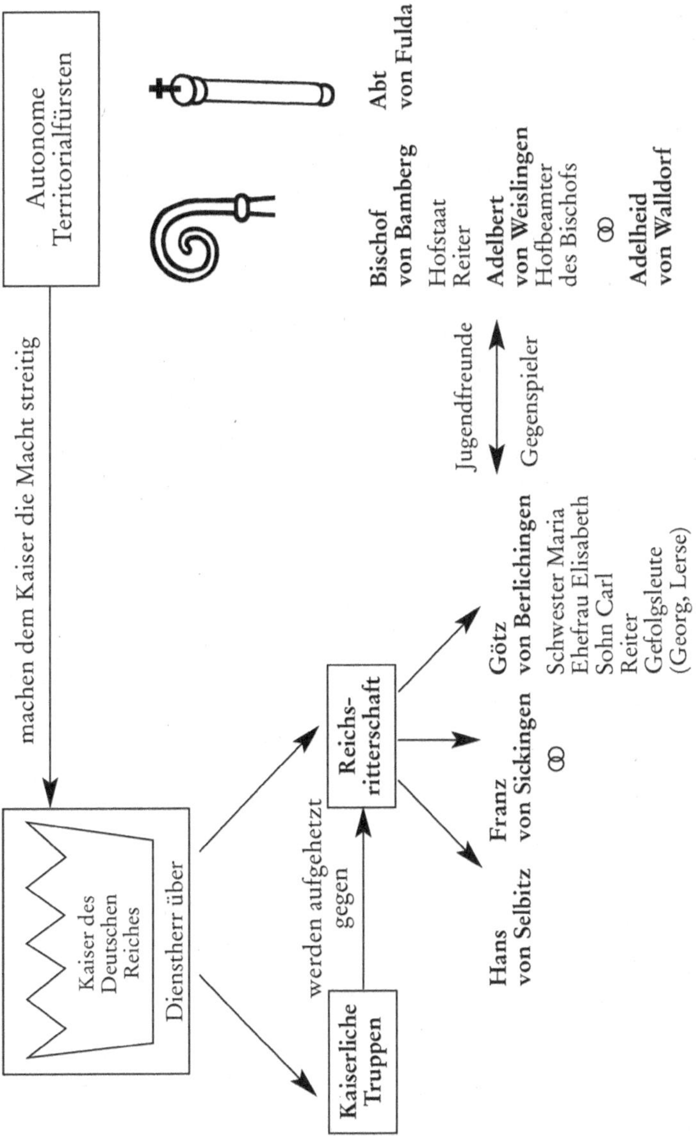

Personenkonstellation. Aus: Kathleen Ellenrieder: Lektüreschlüssel. Johann Wolfgang Goethe: »Götz von Berlichingen«. Stuttgart: Reclam, 2003. S. 31.

5. Der *Götz* im Sturm und Drang

5.1 »Sturm und Drang« lexikalisch

»**Sturm und Drang,** literarische Bewegung von der Mitte der 60er- bis zur Mitte der 80er-Jahre des 18. Jh.s. Ihren Höhepunkt erreichte sie, nach der Begegnung Johann Gottfried Herders und Goethes 1770 in Straßburg, in den 70er-Jahren. Die Bezeichnung Sturm und Drang geht auf Friedrich Maximilian Klingers gleichnamiges Drama von 1777 zurück, das eigentlich *Wirrwarr* heißen sollte. Der Sturm und Drang war eine Jugendbewegung, deren Gemeinsamkeiten u. a. in der Forderung nach einer größeren Autonomie und Freiheit, nach Selbstverwirklichung und Selbstentfaltung und den daraus resultierenden sozialkritischen und utopischen[1] Tendenzen bestanden. Dabei ergibt sich ein Zusammenhang zwischen der Rebellion gegen die Welt der Väter und gesellschaftliche Unfreiheit und dem Bruch mit der herrschenden Ästhetik[2] und Poetik[3]. Gleichwohl ist der Sturm und Drang nicht als Gegenbewegung gegen die Aufklärung zu verstehen. Bei aller Betonung des Gefühls wurde kein reiner Irrationalismus propagiert; es ging vielmehr um eine Versöhnung von Gefühl und Vernunft. […]

Im Drama, der bevorzugten Gattung, zeigten sich die ästhetischen und thematischen Innovationen[4] am eindrücklichsten. Die klassizistische Dramaturgie (Dramentheorie) wurde aufgegeben; die offene Form mit kurzen Szenen, Episodenreihungen, häufigem Ortswechsel, Zeitsprüngen und einer expressiven[5] Stilhaltung setzte sich in Anlehnung an Shakespeare durch (und wirkte in dieser Form weiter u. a. auf Georg Büchner). Familienkonflikte, die Zerrissenheit des Menschen zwischen Gefühl und Verstand, das Problem des Standesunterschieds und der Konflikt zwischen dem Freiheitsdrang des Einzelnen und den Restriktionen[6] der Gesellschaft, der schließlich eine politische Dimension erhielt, sind die Hauptthemen der Sturm-und-Drang-Dramatiker (Gerstenberg, Goethe, Klinger, Jo-

1 mit der Wirklichkeit (noch) nicht zu vereinbarenden
2 Wissenschaft (Lehre) vom Schönen
3 Wissenschaft (Lehre) von der Dichtkunst
4 Neuerungen
5 ausdrucksbetonten
6 Beschränkungen

hann Anton Leisewitz, Jakob Michael Reinhold Lenz, Heinrich Leopold Wagner, Schiller).«

Volker Meid: Sachwörterbuch zur deutschen Literatur. Stuttgart: Reclam, 2018. S. 500–502.

5.2 Goethe: »Zum Shakespeares Tag«

Den Vortrag über Shakespeare hielt Goethe am 14. Oktober 1771 in seinem Haus in Frankfurt anlässlich einer kleinen privaten Shakespeare-Feier:

»Erwarten Sie nicht, dass ich viel und ordentlich schreibe, Ruhe der Seele ist kein Festtagskleid; und noch zurzeit[7] habe ich wenig über Shakespearen gedacht; geahndet, empfunden, wenn's hoch kam, ist das höchste, wohin ich's habe bringen können. Die erste Seite, die ich in ihm las, machte mich auf zeitlebens ihm eigen, und wie ich mit dem ersten Stücke fertig war, stund ich wie ein Blindgeborner, dem eine Wunderhand das Gesicht[8] in einem Augenblicke schenkt. Ich erkannte, ich fühlte aufs lebhafteste meine Existenz um eine Unendlichkeit erweitert, alles war mir neu, unbekannt, und das ungewohnte Licht machte mir Augenschmerzen. Nach und nach lernt' ich sehen, und, Dank sei meinem erkenntlichen Genius[9], ich fühle noch immer lebhaft, was ich gewonnen habe.

Ich zweifelte keinen Augenblick, dem regelmäßigen Theater zu entsagen. Es schien mir die Einheit des Orts so kerkermäßig ängstlich, die Einheiten der Handlung und der Zeit lästige Fesseln unsrer Einbildungskraft. Ich sprang in die freie Luft und fühlte erst, dass ich Hände und Füße hatte. Und jetzo, da ich sahe, wie viel Unrecht mir die Herrn der Regeln in ihrem Loch angetan haben, wie viel freie Seelen noch drinne sich krümmen, so wäre mir mein Herz geborsten, wenn ich ihnen nicht Fehde angekündigt hätte und nicht täglich suchte, ihre Türne zusammenzuschlagen.

Das griechische Theater, das die Franzosen zum Muster nahmen, war nach innrer und äußerer Beschaffenheit so, dass eher ein Mar-

7 bis vor kurzem

8 Sehkraft

9 (von lat. *gignere* ›zeugen, hervorbringen‹) Schöpfergeist im Künstler; Zentralbegriff des Sturm und Drang

quis den Alcibiades[10] nachahmen könnte, als es Corneillen[11] dem Sophokles[12] zu folgen möglich wär.

Erst Intermezzo[13] des Gottesdiensts, dann feierlich politisch, zeigte das Trauerspiel einzelne große Handlungen der Väter dem Volk mit der reinen Einfalt der Vollkommenheit, erregte ganze, große Empfindungen in den Seelen, denn es war selbst ganz und groß.

Und in was für Seelen!

Griechischen! Ich kann mich nicht erklären, was das heißt, aber ich fühl's und berufe mich der Kürze halber auf Homer und Sophokles und Theokrit,[14] die haben's mich fühlen gelehrt.

Nun sag ich geschwind hintendrein: ›Französchen, was willst du mit der griechischen Rüstung, sie ist dir zu groß und zu schwer.‹

Drum sind auch alle französche Trauerspiele Parodien von sich selbst.

Wie das so regelmäßig zugeht, und dass sie einander ähnlich sind wie Schuhe und auch langweilig mitunter, besonders in genere[15] im vierten Akt, das wissen die Herren leider aus der Erfahrung, und ich sage nichts davon. […]

Shakespeares Theater ist ein schöner Raritätenkasten[16], in dem die Geschichte der Welt vor unsern Augen an dem unsichtbaren Faden der Zeit vorbeiwallt. Seine Plane sind, nach dem gemeinen Stil zu reden, keine Plane, aber seine Stücke drehen sich alle um den geheimen Punkt (den noch kein Philosoph gesehen und bestimmt hat), in dem das Eigentümliche unsres Ichs, die prätendierte[17] Freiheit unsres Wollens, mit dem notwendigen Gang des Ganzen zusammenstößt. Unser verdorbner Geschmack aber umnebelt dergestalt unsere Augen, dass wir fast eine neue Schöpfung nötig haben, uns aus dieser Finsternis zu entwickeln.«

Johann Wolfgang Goethe: Zum Shakespeares-Tag. In: J. W. G.: Werke. Hamburger Ausgabe. Hrsg. von Erich Trunz. Bd. 12. München: Deutscher Taschenbuch Verlag, 1982. S. 224–226.

10 Alkibiades (um 451–404 v. Chr.), bedeutender athenischer Staatsmann
11 Pierre Corneille (1606–1684), französischer Schriftsteller
12 Sophokles (um 496 – um 405 v. Chr.), griechischer Schriftsteller
13 Zwischenspiel
14 griechische Dichter im Zeitraum etwa von 850 bis 250 v. Chr.
15 (lat.) im Allgemeinen
16 Guckkasten auf Jahrmärkten
17 behauptete

5.3 Ernst Bloch über eine Jugend in der Zeitenwende

In seinem Hauptwerk *Das Prinzip Hoffnung* setzt sich der Philosoph Ernst Bloch (1885–1977) mit »konkreten Utopien« in der Weltgeschichte auseinander. Den Werdegang Goethes sieht er ausgelöst durch einen »Wunsch zu zerschlagen«.

Q

»Schärfere Triebe brachen so vor, und sie entsagten dem Leben nicht. Auch die deutsche Jugend um 1770 war nicht gewillt, sich weiter ins Gegebene zu schicken, Gewalt zu ertragen. Bald luden sich die Affekte[18] völlig aus, sie verließen die Bangigkeit, die Überladenheit bloß leidender, also passiver Art. Sie entluden sich im *fordernden* Wirrwarr des Sturm und Drang, im Protest. So kam der Glut einer *Jugend* eben die neue und besondere einer *Zeitwende* hinzu, die bürgerlich-revolutionäre Unruhe, wie sie gegen Leibeigenschaft, Regelzwang, Despotie[19] und ›Unnatur‹ sich empörte. Die Stürmer und Dränger insgesamt hatten das Glück, nicht nur subjektiv, auch objektiv so alt zu sein wie ihr Zeitalter und mit den Tendenzen des endlich erwachenden deutschen Bürgertums sich im Einklang zu fühlen. Wenn physiologische[20] Jugend nach dem Wort Lessings Trunkenheit ohne Wein sein mag, so war sie um 1770 mehr als das: nämlich die äußere Situation lieferte ihr auch einen eigenen eiligen Grund zur Trunkenheit, ja fast etwas zuviel Grund, nämlich für Trunkenheit oft noch ohne Begriff. Bürgerliche Revolution schien sich in Deutschland vorzubereiten, die dann doch nicht kam; und sie verwandte, bei der geringen kapitalistischen Entwicklung des Landes, nicht den kalkulierenden, regulierenden Verstand. Sie sprach wild-vages Freiheits- und Vaterlandsgefühl an, irrationale Schwärmerei, wie sie einem noch halbbarocken, nämlich pietistischen[21] Kleinbürgertum, aber auch der Jugend lag. Fehlten die starken Gefühlsakzente doch auch dem dritten Stand Frankreichs nicht, dem politisch klaren, längst rationalen; Rousseau[22] brachte sie gerade mit entscheidendem Impetus[23] in die Massen, und sie trieben

18 heftige Erregungszustände
19 Gewaltherrschaft
20 Lebensvorgänge im Organismus betreffende
21 die protestantische Frömmigkeitsbewegung des 17. und 18. Jahrhunderts betreffenden
22 Jean-Jacques Rousseau (1712–1778), französischer Aufklärungsphilosoph
23 Anstoß, Impuls

besonders packend zur Revolution. Jedoch im wirtschaftlich zurückgebliebenen, politisch ungeschulten Deutschland verbanden sich die Gefühle nicht ohne weiteres mit der bürgerlich-offiziellen, der gleich nach Thomasius[24] oft hausväterlich gewordenen Aufklärung, sondern kehrten sich dem Ausdruck nach gegen sie. Gegen die Dürre der Alten, der Gottsched[25]-Zeit, vor allem auch der scheinbar gleichen Perücke, ja des scheinbar gleichen Reglements, das man im despotischen Polizeistaat erblickte. Es war freilich nur das Amalgam[26] von reglementiertem Spießertum und reglementierendem Duodez[27]-Despotismus, gegen das der Sturm und Drang sich wandte. In Wahrheit gehört der Sturm und Drang, seinem ganzen Inhalt nach, völlig zur Aufklärung, obwohl er aus angegebenen Gründen den Begriff davon verneinte. Er ist deren aktivster Teil und ist ihr mit allen seinen Themen: Jugenderziehung, Freiheit, Humanisierung der Rechtspflege, Naturrecht und so fort, völlig verbunden. Die Wendung gegen den Verstand übersah zwar die damals progressive Rolle der Bürokratie, des generellen Gesetzes überhaupt; doch eben: ein wilder Apollo[28] und die Befreiung des Bürgertums flossen dem damaligen jungen Deutschland in einer einzigen Unmittelbarkeit ineinander. Von daher auch das reich gemischte, doch einheitlich, nämlich als ›Natur‹, mit diesem Kampfakzent empfundene Ensemble: das Empfindsame und das Altdeutsche; der Protest gegen den Zopf und der Archaismus[29]; die Demokratie des Volkslieds und Hamanns[30] einsames Gewitterchristentum, mit Entzweiung, Gewölk, Blitzen ums Morgenrot. Selten erschien so viel ›Herr, schaffe mir Raum in der engen Brust‹, so viel an den Stäben Rüttelndes im Menschen, so viel Jugend als gemeinter Löwengott, so viel Anti-Philistertum[31] schlechthin, ungewiß, ob in Wildnis oder in die helle Sonne ausbrechend, beides lag im

24 Christian Thomasius (1655–1728), deutscher Jurist und Philosoph der Frühaufklärung

25 Johann Christoph Gottsched (1700–1766), deutscher Literaturtheoretiker, der die klassische Einheit von Ort, Zeit und Handlung auf den deutschen Bühnen einführte

26 Mischung

27 (von lat. *duodecim* ›zwölf‹) Kleinformat

28 griechisch-römischer Gott der Künste

29 Rückgriff auf veraltete Wörter, Sprach- oder Stilformen

30 Johann Georg Hamann (1730–1788), deutscher Philosoph und Schriftsteller

31 Anti-Spießbürgertum

Sturm und Drang. Das war die deutsche, höchst deutsche Zeitwende, Mischwende, die Goethes Jugend umgab – eine bürgerliche Revolution, trotz fehlendem Bürgertum dahinter, trotz der glühenden Unklarheit. Aus dem schmalen, auf Avantgarde[32] und Jugend beschränkten Wesen kam diese übersteigerte, aber auch faßliche Kategorie: Sturm und Drang, als die von Jugend, utopischer Überfülltheit zusammen.«

Ernst Bloch: Das Prinzip Hoffnung. In fünf Teilen. Kapitel 43–55. Berlin: Suhrkamp, 1985. (Ernst Bloch Werkausgabe. 5.) S. 1146–1148. –

5.4 Eine neue Dramensprache

Der Literaturwissenschaftler Thorsten Valk (*1972) hebt das Neuartige des *Götz* hervor, das sich auch in der Ausweitung des Bühnenpersonals und der differenzierten Figurensprache spiegelt.

»Mit seiner ersten Tragödiendichtung revolutioniert Goethe die gesamte Dramenästhetik des 18. Jahrhunderts. Indem er sich vom klassizistischen Diktat der drei Einheiten[33] emanzipiert, die bereits seit Lessing in Auflösung begriffene Ständeklausel[34] ignoriert und die für das Trauerspiel verbindliche Regel einer homogenen[35] Figurensprache aufgibt, suspendiert[36] er die Grundlagen des ›regelmäßigen‹ Theaters.

Mit der zeitlichen und räumlichen Aufsplitterung des Handlungsverlaufs korrespondiert eine im Vergleich zum traditionellen Theater extreme Ausweitung des Bühnenpersonals. Nicht nur die bloße Anzahl der Figuren, sondern auch das Spektrum ihrer sozialen Zugehörigkeit verstößt gegen die im 18. Jahrhundert anerkannten Maßstäbe. Goethes Ritterdrama führt die Gesellschaft der Re-

32 (frz.) Vorreiterbewegung

33 Regel des klassischen Dramas in Anlehnung an Aristoteles, nach der ein Drama eine einzige geradlinige Handlung an nur einem Ort und in einem Zeitraum von einem Tag zeigen soll.

34 Regel des klassischen Dramas, nach der in der Tragödie nur adlige, in der Komödie nur bürgerliche Personen als Figuren auftreten sollen.

35 einheitlichen

36 gibt … auf

formationszeit in ihrer Totalität vor Augen: Es zeigt den Kaiser als höchsten Repräsentanten des Reichs sowie die machthungrigen Territorialfürsten und die um ihre alten Rechte kämpfenden Reichsritter; es bringt jedoch auch bürgerliche Juristen, Kaufleute und Handwerker sowie Geistliche, Soldaten, Bauern und Zigeuner auf die Bühne. Fast keine gesellschaftliche Gruppe fehlt in diesem facettenreichen Ständepanorama des 16. Jahrhunderts, das auch unter idiomatischen[37] Gesichtspunkten ein Höchstmaß an Authentizität erreicht. Goethe benutzt die Sprache im *Götz* sowohl zur allgemeinen Historisierung des dramatischen Geschehens als auch zur schichtenspezifischen Charakterisierung der verschiedenen Figuren. Während man am Bamberger Hof eine gekünstelte Hochsprache kultiviert, pflegt man im Umfeld des Götz eine archaisch[38]-kernige und vor derben Formulierungen nicht zurückscheuende Alltagssprache. Die Bauern und Zigeuner schließlich bedienen sich einer dialektal gefärbten und von zahlreichen Reduktionismen[39] gekennzeichneten Redeweise. Im traditionellen Theater ist der Dialekt als Mittel zur Personencharakterisierung dem Lustspiel und der Stehgreifkomödie vorbehalten, mit Goethes *Götz* jedoch wird dieses Stilprinzip erstmals auf den Bereich des Trauerspiels übertragen.

Um die schichtenspezifischen Sprachniveaus möglichst authentisch klingen zu lassen, greift Goethe sowohl auf die Bibelübersetzung Martin Luthers aus auch auf die Autobiographie des historischen Götz zurück. Die zahlreichen Bibelzitate sowie die oftmals wörtlichen Entlehnungen aus Berlichingens Lebensbeschreibung haben in einigen Dramensequenzen die alleinige Funktion, den Dialogen ein möglichst altertümliches Gepräge zu verleihen und die soziale Zugehörigkeit des jeweiligen Sprechers zu exponieren[40]. Wiederholt rekurriert[41] Goethe auch lediglich auf jene Mundart, die ihm aus der Zeit seiner Frankfurter Kindheit vertraut ist und die im Vergleich zu der gegen Ende des 18. Jahrhunderts dominierenden sächsischen Schriftsprache als antiquiert, unmodern und überholt empfunden wird. Obwohl Goethes Drama wie keines vor ihm die auf der Bühne agierenden Figuren über ihre unterschiedlichen

37 Idiom: besondere Sprache einer regional oder sozial abgegrenzten Gruppe
38 altertümlich
39 Vereinfachungen
40 hervorzuheben
41 bezieht sich

Idiome charakterisiert, verfolgt es doch keinen sprachhistorischen Verismus[42]. Goethe verwendet zwar gezielt historisches Quellenmaterial, um den Dialogen seiner Protagonisten einen archaischen Duktus zu verleihen, doch operiert er bisweilen auch mit einer bloß altertümlich wirkenden Kunstsprache, für die es keine konkreten Vorbilder gibt. Im Umfeld des Bischofs zu Bamberg etwa spricht man elaboriertes[43] und antiquiert wirkendes, gleichwohl von zeitgenössischer Idiomatik durchzogenes Deutsch. Auch die Redeweise der Zigeuner lässt sich nicht auf einen jener geheimsprachlichen Soziolekte[44] zurückführen, die seit dem ausgehenden Mittelalter von gesellschaftlichen Randgruppen vielfach ausgebildet wurden.«

Thorsten Valk: Der junge Goethe. Epoche – Werk – Wirkung. München: Beck, 2012. S. 134 f. –

42 übergroße Genauigkeit

43 hoch entwickeltes, komplexes

44 Sprache bestimmter sozialer Gruppen

6. Die Gestalt des Götz

Das Drama *Götz von Berlichingen mit der eisernen Hand* handelt vom Schicksal eines Reichsritters an der Zeitenwende vom Spätmittelalter zur Frühen Neuzeit, etwa von 1516 bis 1525.

Quelle Goethes waren die Memoiren des Ritters Gottfried von Berlichingen, die an dessen Lebensende zwischen 1557 und 1562 verfasst, aber erst 1731 gedruckt worden waren (*Lebens-Beschreibung Herrn Gözens von Berlichingen, Zugenannt mit der Eisern Hand. Eines zu Zeiten Kaysers Maximiliani I. und Caroli V. kühnen und tapfern Reichs-Cavaliers*, herausgegeben von Wilhelm Friedrich Pistorius bei Felßecker in Nürnberg). Der historische Götz war Söldner, Raubritter, Kriegsunternehmer und Gefängnishäftling, vielleicht ein Abenteurer, aber sicher kein Freiheitskämpfer. Goethe freilich meinte, wie er 1771 in einem Brief schrieb, er »dramatisiere die Geschichte eines der edelsten Deutschen, rette das Andenken eines braven Mannes«.

Die Begeisterung für die Gestalt des Götz ist seit der Neuerfindung durch Goethe nie abgebrochen. Jede Zeit, ob im Jugendbuch, auf der Bühne oder auf der Leinwand, produzierte ihr eigenes Götz-Bild zwischen Glanz, Heldentum und Patriotismus auf der einen und Zweifel, Gebrochensein oder auch Parodie auf der anderen Seite.

6.1 Zeittafel

um 1480 Geburt Gottfrieds von Berlichingen als Sohn Kilians von Berlichingen und Margarethas von Thüngen.

1494 Gottfried wird »Bube« bei Konrad von Berlichingen, einem Vetter Kilians von Berlichingen, der Rat der Markgrafen von Brandenburg-Ansbach ist. In dessen Gefolge nimmt Gottfried

1495 am Reichstag von Worms teil. Erlass eines »Allgemeinen Landfriedens«, »dass von Zeit dieser Ankündigung an niemand, von was Würden, Stand oder Wesen der sei, den andern befehden solle«. An die Stelle des Selbsthilfeinstruments der Fehde tritt das Reichskammergericht.

1496 Götz nimmt am Reichstag von Lindau teil.

1497 Tod Konrads von Berlichingen. Gottfried tritt in den

Dienst des Markgrafen Friedrich IV. von Brandenburg-Ansbach.

1498 Teilnahme am Feldzug nach Hochburgund. Tod des Vaters.

1499 Teilnahme am Schweizer Krieg, den Maximilian erfolglos um die weitere Zugehörigkeit der Schweiz zum Reich führte.

1502 Kampf gegen Nürnberg im Gefolge des Markgrafen Kasimir von Brandenburg.

1504 Teilnahme am Landshuter Erbfolgekrieg zwischen Bayern und der Pfalz auf bayrischer Seite. Verlust der rechten Hand.

1509–11 Fehde gegen Köln wegen des dem Stuttgarter Schneider Sindelfinger vorenthaltenen Preises in einem Schützenwettbewerb 1505.

1512 Fehde Gottfrieds und mehrerer Verbündeter gegen Nürnberg, in deren Verlauf über Gottfried und seine Freunde die Reichsacht verhängt wird.

1513 Fehde des Schwäbischen Bundes gegen Götz.

1514 Götz und seine Freunde werden gegen Zahlung von 14 000 Gulden aus der Acht gelöst.

1515/16 Fehde Götz' gegen das Mainzer Stift, weswegen er

1518 abermals geächtet wird.

1519 Maximilian I. stirbt, sein Enkel Karl I. von Spanien wird als Karl V. Kaiser. Götz nimmt am Krieg Herzog Ulrichs von Württemberg gegen den Schwäbischen Bund teil, wird bei einem Ausfall oder beim Abzug aus dem belagerten Möckmühl gefangen genommen und kommt in Heilbronn ins Gefängnis. Franz von Sickingen bewirkt, dass die Gefangenschaft in ritterliche Haft in einem Gasthof umgewandelt wird.

1522 Götz schwört Urfehde und kann sich auf seine 1517 erworbene Burg Hornberg zurückziehen. Dieser Urfehde verdankt er es, dass er nicht in den Aufstand der Reichsritter verwickelt wird, der unter Sickingens Führung 1522 mit der Belagerung von Trier beginnt und 1523 mit Sickingens Tod in seiner belagerten Festung Landstuhl endet.

1525 Götz nimmt vom 24. April bis zum 29. Mai gezwungen am Bauernkrieg teil.

1526 Götz rechtfertigt sein Verhalten auf dem Reichstag von

Speyer und wird vom Reichskammergericht für schuldlos erklärt. Dennoch wird er

1528 vom Schwäbischen Bund in Augsburg gefangen gesetzt.

1530 Beendigung der Gefangenschaft in Augsburg durch Schwören der Urfehde. Götz verpflichtet sich, das zu seiner Burg Hornberg gehörende Gebiet nicht mehr zu verlassen.

1540 Aufhebung des Hausarrests.

1542 Teilnahme am Feldzug Karls V. gegen die Türken.

1544 Teilnahme am Feldzug Karls V. gegen Frankreich. Nach dem Frieden von Crépy (19. September 1544) kehrt Götz auf die Burg Hornberg zurück.

1556 Abdankung Karls V.

1557 Götz beginnt mit der Niederschrift seiner Autobiographie.

1558 Tod Karls V.

1562 Götz stirbt am 23. Juli und wird im Kreuzgang des Klosters Schönthal beerdigt.

1731 Im Verlag Felßecker in Nürnberg erscheint die von Pistorius herausgegebene und mit Anmerkungen versehene Autobiographie zum ersten Male: *Lebens-Beschreibung Herrn Gözens von Berlichingen, Zugenannt mit der Eisern Hand.*

1771 Goethe schreibt innerhalb von sechs Wochen die *Geschichte Gottfriedens von Berlichingen mit der eisernen Hand, dramatisirt.* Er macht sie Freunden in Abschriften bekannt.

1773 Goethe arbeitet die erste Fassung um zu *Götz von Berlichingen mit der eisernen Hand. Ein Schauspiel* und lässt sie im Selbstverlag drucken.

1774 *Götz von Berlichingen* wird in Berlin uraufgeführt. Kurze Zeit später folgt eine Inszenierung in Hamburg.

1787 Goethe überarbeitet das Stück stilistisch für die Ausgabe seiner Schriften im Verlag Göschen.

1804 Goethe unternimmt eine Bühnenbearbeitung für eine Weimarer Inszenierung, bei der das Stück stark verändert wird.

1832 Goethes Bestimmung gemäß wird nach seinem Tod die Fassung von 1771 aufgrund der erhalten gebliebenen Handschrift im Band 42 der Ausgabe letzter Hand, dem zweiten Nachlassband, zum ersten Mal gedruckt. Derselbe Band enthält die verkürzte Bühnenbearbeitung vom Dezember 1804.

Volker Neuhaus: Erläuterungen und Dokumente. Johann Wolfgang Goethe: »Götz von Berlichingen«. Erw. und bibliogr. erg. Ausg. Stuttgart: Reclam, 2003 [u. ö.]. S. 64–66.

6.2 Der Ritter mit der eisernen Hand – Ingo Bach: »Goethes wilder Ritter«

»Götz von Berlichingen – was hat diesen Rabauken so berühmt gemacht? 1) hat ihm Goethe einen Fünfakter gewidmet, 2) verlor er 1504 eine Hand, und seine eiserne Prothese gilt als Meisterwerk.

Giftblauer Dunst wabert durch die Luft. Der ätzende Geschmack von verbranntem Schwarzpulver kriecht in Mund und Rachen. Da das Geschrei der angreifenden Pfälzer Söldner, die auf bayerische Belagerungstruppen vor Landshut zustürmen. Immer wieder feuern die Geschütze der mit Bayern verbündeten Nürnberger neue Salven auf die Pfälzer. Die Stein- und Bleikugeln klatschen pfeifend in den Dreck oder in menschliche Leiber. Es ist das Jahr des Herrn 1504, der 23. Juni, ein Sonntag.

Der Erbfolgekrieg um das Herzogtum Landshut tobt bereits seit einem halben Jahr, weil der Herzog ohne männliche Nachkommen gestorben war. Nun ringen die Herrscherhäuser der Pfalz und Bayerns erbittert um das Stück Erde zwischen München und Regensburg. Unter den Bayern ist auch ein junger Ritter, gerade 24 Jahre alt, ein Haudegen und Raufbold, den 270 Jahre später ein ebenfalls noch junger Dichter unsterblich machen wird. Der eine heißt Götz von Berlichingen, der andere Johann Wolfgang Goethe.

An jenem Tag vor einem halben Jahrtausend legt Götz die Grundlage für seinen Ruhm. Denn wenn das Landshuter Schlachten überstanden sein wird, dann hat er einen stolzen Beinamen: der mit der Eisernen Hand. Zuvor aber zahlt er dafür einen hohen Preis.

Wer war dieser Götz von Berlichingen, dessen Name auch 500 Jahre später noch vielen bekannt im Ohr klingt?

Einer, der durch seine Taten Geschichte geschrieben hätte, jedenfalls nicht. Ein Ritter, der wie viele andere damals auf die schiefe Bahn gerät, in kleineren Kriegen als Hauptmann vor sich hin schar-

Abb. 2: Götz von Berlichingen, Bildnis auf Glas eines unbekannten Künstlers, 1547

mützelt[45] – nichts Besonderes eben. Geboren wurde er um 1480 auf der heimischen Burg der Berlichingens, der Götzenburg in Jagsthausen, einem Flecken in Baden-Württemberg unweit von Heilbronn. Als großer Mann würde er heute nicht gelten, 1,60 Meter maximal. Zu jener Zeit gilt das fast als Gardemaß. Und er ist schon mit jungen Jahren ein kräftiger Bursche, im Alter wird daraus eine untersetzte Figur. Die überlieferten Darstellungen zeigen ihn gern als grimmig dreinblickenden Mann, mit hoher Stirn und kräftigem, gelockten Bart. Ist all das schon genug, um unsterblich zu sein?

Es bedurfte zweier Geschehnisse, um Götz aus dem Meer der mittelalterlichen Normalritter herauszuheben: Ein unglücklicher Treffer aus einer Kanone, der ihn zum Krüppel macht. Und ein Dichter, der sein Leben als Stoff für ein Drama entdeckt.

In seinem 1774 in Berlin uraufgeführten Schauspiel über das Leben des ›Gottfried von Berlichingen‹ setzt Goethe dem Ritter mit einem Zitat ein literarisches Denkmal: ›Er aber sag seinem Herrn, er kann mich im Arsche lecken.‹ In späteren Fassungen des Fünfakters wird der deftige Ausdruck durch Pünktchen ersetzt, er war dann doch zu viel für die gesittete Gesellschaft des parfümierten 18. Jahrhunderts.

Vor allem aber war Götz ein Rabauke mit üblem Umgang, selbst für die damaligen rauen Zeiten. Zunächst zügelt der Vater den Wüterich, der sich gern ausgiebig prügelt. Er übergibt den Sohn einem Vetter[46] als Knappe, 1494, da war er um die 14 Jahre alt (das genaue Geburtsjahr ist nicht überliefert). Drei Jahre später stirbt der Vetter, ein Jahr darauf Götz' Vater. Der Junge ist nun ohne erzieherische Führung und gerät in die schlechte Gesellschaft eines Raubritters: Hans Thalacker. Wie Pech und Schwefel hängen sie von 1502 bis 1504 zusammen. Die beiden Gesetzlosen berauben Kaufleute und befehden sich mit anderen kleinen Rittersleuten. Bald wird es einem Onkel von Götz zu bunt. Er will seinen Neffen aus dieser Sippschaft herausholen und zwingt ihn, am Landshuter Erbfolgekrieg auf der Seite der Bayern teilzunehmen. ›Erlebnispädagogik‹ nennt das Markus Müller, Historiker und Götz-Kenner.

Auch die Brüder von Götz nehmen an dem Krieg teil – allerdings auf der anderen Seite. Denn der Onkel verfolgt nicht nur didaktische Pläne, sondern auch pragmatische: Wenn die Familie ihre

45 Kleinkriege führt
46 Cousin

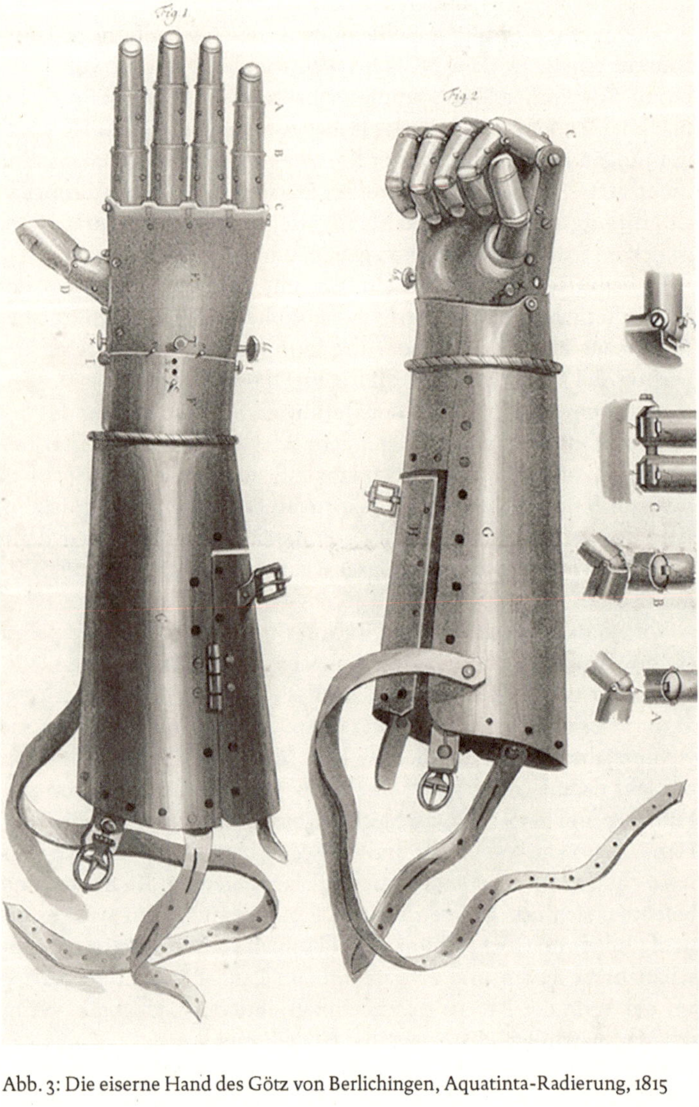

Abb. 3: Die eiserne Hand des Götz von Berlichingen, Aquatinta-Radierung, 1815

Leute an beiden Fronten hat, dann stehen von Berlichingens immer auf der Seite des Siegers. Und die siegreichen Verwandten können sich dann für ihre unterlegenen Angehörigen stark machen.

Doch im Juni 1504 ist das Hauen und Stechen noch lange nicht entschieden – erst ein Jahr später wird Kaiser Maximilian I. per Schiedsspruch die Bayern zu Siegern erklären. Das Scharmützel vor Landshut beeinflusst den Kriegsverlauf nur mäßig, umso mehr aber das Leben des Götz von Berlichingen. Der Ritter brennt darauf, sich ins Getümmel zu werfen. Unruhig tänzelt sein Pferd, die Metallteile der Rüstung schlagen klappernd aufeinander. Götz hat sein Schwert gezogen. Eine schwere Waffe, zweieinhalb Kilogramm wiegt sie sicher. Fest umschließt die Hand den massiven Griff. Der Kugelhagel der Nürnberger Kanoniere hat die Angreifer an einem Graben aufgehalten. Diesen Vorteil will Götz von Berlichingen nutzen. Er treibt sein Pferd mitten hinein, begierig, seinen ›Spieß mit einem Feind zu brechen‹, wie er 50 Jahre später in seinen Lebenserinnerungen vermerkt. Prompt gerät er in die Reichweite der verbündeten Artillerie[47], die unablässig feuert. Die Nürnberger haben längst den Überblick über das Schlachtfeld verloren, können in dem Gemenge Freund und Feind nicht mehr auseinander halten. Und so erwischt eine Kugel aus einer Nürnberger ›Feldschlange‹ den ungeduldigen Rittersmann.

So eine Feldschlange ist ein giftiges Ding: Ein acht oder neun Kilogramm schweres, anderthalb Meter langes gusseisernes Rohr verschießt Bleikugeln von Golf- bis Tennisballgröße. Die Panzerfaust des Mittelalters, witzeln heutige Historiker. Eine solche Panzerfaust beendet zunächst die gerade erst begonnene Militärkarriere des Götz von Berlichingen. Die Kugel zertrümmert zwar nur den Knauf seines Schwertes – doch wie Schrapnellsplitter[48] bohren sich die Teile des Knaufs in den rechten Unterarm, zerreißen Muskeln und Knochen. Nur noch an einem Hautfetzen habe der Unterarm an ihm gehangen, beschreibt Götz das Unglück später.

Die Schmerzen müssen fürchterlich gewesen sein. Solch eine schwere Verwundung hätte beim Stand der medizinischen Kunst leicht seinen Tod bedeuten können, vor allem durch Infektionen, die sich in die großflächige Wunde fressen. Sieben Monate lang liegt Berlichingen in Landshut im Wundbett, kämpft mit dem Fieber, die

47 mit schweren Geschützen ausgestattete Truppengattung
48 Schrapnell: mit Metallkugeln gefüllte Artilleriegranate

Verletzung will nicht heilen. Ebenso grausam muss für ihn die Aussicht sein, nie wieder kämpfen zu können.

Genug Zeit zum Grübeln hat er. Götz erinnert sich eines Knechts des Vaters, der auch eine Hand verloren hatte. Mit Hilfe einer eisernen Hand habe der weiter Kriegsdienste leisten können. Also beauftragt der Ritter einen Schmiedemeister, so eine Prothese auch für ihn zu fertigen. Er hat Glück, an einen Handwerker zu geraten, der mehr ein Künstler war denn ein einfacher Schmied. Dieser entwirft eine Prothese, die mit Riemen am Armstumpf festgebunden wird. Detailverliebt biegt der Handwerker dünnes Blech zu vier Fingern und einem Daumen. Sogar die Fingernägel hämmert er in das Eisen. Jedes einzelne Glied ist unabhängig voneinander beweglich, schon das ein gewaltiger Fortschritt gegenüber der ›Kralle‹, die Götz übergangsweise trägt. Drückt man bei dieser auf einen Knopf, greifen alle Metallfinger und der Daumenersatz wie eine Zange gleichzeitig ineinander. So etwas mag zum Tragen eines Holzscheits reichen, aber nicht zum Halten eines Pferdes oder gar eines Schwertes.

Aber bei dem technischen Wunderwerk, das Götz nun erhält, sind nicht nur die Finger einzeln beweglich, sondern auch deren Teile: Wie in der Natur bestehen sie aus drei Gelenken. In die Hand ist eine feine Mechanik aus Zahnrädern und Spannfedern eingebaut. So kann Götz mit Hilfe seiner linken gesunden Hand die Finger seiner rechten, künstlichen fest um jeden Gegenstand schließen. Die Glieder bleiben arretiert[49], bis ein leichter Schlag von unten auf die Hand sie wieder löst. Einen Bierkrug konnte er sicher zum Munde führen, die Zügel seines Pferdes damit im Griff behalten. Aber dass er so ein Schwert führte, das ist eher eine Legende.

Von dem Verfertiger der kunstvollen Hand ist nichts geblieben, kein Name, kein Handwerkerstempel auf dem Produkt – obwohl der Meister allen Grund gehabt hätte, den Stolz auf seine Arbeit allen mitzuteilen. Die Eiserne Hand wird auch 500 Jahre später noch als Unikat[50] gefeiert: als erste erhaltene Vollprothese der Medizingeschichte.«

Ingo Bach: Goethes wilder Ritter. In: Der Tagesspiegel, 11. Juli 2004. –

49 gesperrt, blockiert
50 Einzelstück

6.3 Bilder des Götz

Abb. 4: Bruder Martin und Götz, Bleistiftzeichnung von Franz Pforr, 1811

Abb. 5: Götz von Berlichingen, Zeichnung von Eduard Bendemann. Aus: Deutscher Jugend-Kalender. Hrsg. von Hugo Bürkner. Leipzig: Wigand, 1855.

Abb. 6: Raimund Harmstorf als Götz von Berlichingen im gleichnamigen Spielfilm von Wolfgang Liebeneiner, 1979 (Standbild)

Abb. 7: Markus John als Götz (rechts, mit Franz von Sickingen) in der Inszenierung des Deutschen Schauspielhauses in Hamburg, 2010. © Kerstin Schomburg, Hamburg.

6.4 Jakob Michael Reinhold Lenz über Götz von Berlichingen

Lenz (1751–1792) gehörte wie Goethe der literarischen Jugendbewegung des Sturm und Drang an und feiert die Gestalt des Götz überschwänglich.

»Also, meine werten Brüder, nun ermahne und bitte ich euch, lasst uns dies Buch nicht gleich nach der ersten Lesung ungebraucht aus der Hand legen, lasst uns den Charakter dieses antiken deutschen Mannes erst mit erhitzter Seele erwägen, und wenn wir ihn gut finden, uns eigen machen, damit wir wieder Deutsche werden, von denen wir so weit, weit ausgeartet sind. Hier will ich Euch einige Züge davon hinwerfen. Ein Mann, der weder auf Ruhm noch Namen Anspruch macht, der nichts sein will, als was er ist: ein Mann. – Der ein Weib hat, seiner wert, nicht durch Schmeichelei sich erbettelt, sondern durch Wert sich verdient – eine Familie, einen Zirkel von Freunden, die er alle weit stärker liebt, als dass er's ihnen sagen könnte, für die er aber *tut* – alles dransetzt, ihnen Friede, Sicherheit für fremde, ungerechte Eingriffe, Freude und Genuss zu verschaffen – sehen Sie, da ist der ganze Mann, immerweg geschäftig, tätig, wärmend und wohltuend wie die Sonne, aber auch ebenso verzehrendes Feuer, wenn man ihm zu nahe kommt – und am Ende seines Lebens geht er unter wie die Sonne, vergnügt, bessere Gegenden zu schauen, wo mehr Freiheit ist, als er hier sich und den Seinigen verschaffen konnte, und lässt noch Licht und Glanz hinter sich. Wer so gelebt hat, der hat seine Bestimmung erfüllt; Gott, *Du* weißt es, wie weit, wie *sehr*, er weiß nur soviel davon, als genug ist, ihn glücklich zu machen. Denn was in der Welt kann wohl über das Bewusstsein gehen viel Freud' angerichtet zu haben? […]«

Zeitgenössische Rezensionen und Urteile über Goethes »Götz« und »Werther«. Hrsg. von Hermann Blumenthal. Berlin: Junker & Dünnhaupt, 1935. S. 38 ff.

6.5 Ist Götz selbst schuld an seinem Schicksal?

Auf den mehrschichtigen Charakter des Götz weist hingegen der Literaturwissenschaftler Peter Michelsen (1923–2008) hin.

»Indes: die Größe Götzens ist nicht ohne Schatten. Sein Geschick erscheint im Verlauf des Dramas als ein nicht ganz unverschuldeter Niedergang. Götz erliegt nicht nur äußeren Gewalten, sondern er verstrickt sich auch innerlich, macht sich abhängig. Man kann die Elemente, die davon zeugen: Götz' Beteiligung an den Bauernkriegen, auch nicht einfach als einen Fleck in der sonstigen Redlichkeit seines Charakters ansehen. Wie wichtig Goethe der Zug des Wortbruchs war, kann man daraus ersehen, daß er ihn gegen seine Vorlage in sein Drama aufnahm; der historische Götz war durch kein Urfehde-Gelöbnis daran gehindert, Hauptmann bei den Bauern zu werden. Und Goethe bereitet den Wortbruch auch ausdrücklich durch mehrfache Hinweise auf die Bedeutung des Worthaltens vor. Daß die Zusicherung auf freien Abzug nicht eingehalten wurde, wirft Götz mit Bitterkeit seinen Feinden vor: *Die Meineidigen!* und: *Im Namen des Kaisers ihr Wort nicht zu halten* [IV,1; S. 84]. *Was! mir erst, die Verräther! eine Falle zu stellen, und ihren Eid, ihr ritterlich Wort zum Speck drin aufzuhängen! Mir dann ritterlich Gefängnis zusagen, und die Zusage wieder brechen* [IV,2; S. 88]. Demgegenüber beteuert er: *Aber ich will euch lehren, wie man Wort hält* [IV,2; S. 89]. Und Götz bekräftigt das, in der Zeit des *geschäftigen Müßiggangs* in Jaxthausen, nach der beschworenen Urfehde, noch einmal: *Den* [den Ruf, daß er sein Wort halte] *sollen sie mir nicht nehmen!* und: *Sie sollen mir Einen stellen, dem ich mein Wort gebrochen!* [IV,5; S. 96]. In der Druckfassung hat Goethe den dann doch erfolgenden Wortbruch in einer eigens eingeführten Szene (V,2) zu motivieren versucht: sowohl durch den auf Götz ausgeübten Druck als auch durch dessen illusionäre Absicht, mäßigend auf die Bauern einwirken zu können; aber im Grunde wird dadurch die Aufmerksamkeit erst recht auf die Sache gelenkt. Auch wird, nach der klaren Erkenntnis des Sachverhalts durch Elisabeth: *Er hat seinen Bann gebrochen* (V,4; S. 104), das Problem keineswegs fallen gelassen (auch wenn es, als ›Problem‹, in der ersten Fassung – in V,5 – noch stärker hervortrat). Götz weiß, daß er in seinem Tun nicht frei geblieben ist; und sein nachfolgendes Verhalten bis zum Tode ist von diesem Wissen geprägt.

Zum Untergang Götzens trägt also nicht allein die feindliche Außenwelt bei, sondern auch ein Fehler, eine Schuld des Helden. Er verstößt selbst gegen die Wertnormen, denen er verpflichtet ist und die eingehalten zu haben und einzuhalten ihm stets wichtig war. Man muß diesen Verstoß in seiner Bedeutung richtig einschätzen.

Er kommt der (zuerst festgestellten) Absicht des Autors – einen Niedergang der Menschheitsentwicklung in dem Geschick Götzens darzustellen – durchaus entgegen; dieser Niedergang, der Verderbnisprozeß der Gesellschaft, erfaßt nicht das Lebensgeschick eines selbst völlig integer Gebliebenen, sondern macht schließlich auch vor dessen eigenem Innern nicht Halt.«

Peter Michelsen: Goethes *Götz*: Geschichte dramatisiert?
In: Goethe Jahrbuch 110 (1993) S. 50.

7. Götz von Berlichingen: Ritter oder Räuber?

Goethes *Götz* ist das Drama des niedergehenden Rittertums, eines gesellschaftlichen Standes, der das abendländische Mittelalter geprägt hatte. Auch wenn es unter Kaiser Maximilian I., der sich als Idealbild eines mittelalterlichen Ritters stilisierte, am Ende des 15. Jahrhunderts noch einmal zu einer »zweiten Ritterrenaissance« kam, war diese doch weitgehend auf den kulturellen Bereich beschränkt. Die soziale und politische Realität sah anders aus: Die Entwicklung der Waffentechnik hin zu Feuerwaffen, der Bedeutungsverlust des Königtums und des Lehnswesens, vor allem aber die konkurrierenden Heere der erstarkenden Territorialherren trugen dazu bei. Ihrer Schutz- und Dienstfunktionen beraubt, verarmten die Ritter zusehends.

Symptomatisch hierfür ist die Entwicklung der ritterlichen Fehde. Dieser »Privatkrieg« zwischen zwei freien, meist adligen Sippen war zwar bereits seit dem 10. Jahrhundert allmählich in das Rechtssystem eingebunden worden, doch blieb zunächst noch das grundsätzliche Recht des niederen Adels unbestritten, Selbsthilfe üben zu dürfen, sofern bestimmte Formen gewahrt blieben. Der Tendenz zur Etablierung einer politischen Ordnung mit staatlichem Gewaltmonopol entsprach es jedoch, dass mit dem Ewigen Landfrieden von 1495 dieses »Faustrecht« kriminalisiert wurde.

7.1 Justus Möser: »Von dem Faustrechte«

Der Aufsatz Mösers (1720–1794) erschien 1770 und regte Goethe zu seinem *Götz* und der dortigen Auffassung von Faustrecht und Fehdewesen an.

Q

»Die Zeiten des Faustrechts in Deutschland scheinen mir allemal diejenigen gewesen zu sein, worin unsre Nation das größte Gefühl der Ehre, die mehrste körperliche Tugend, und eine eigne Nationalgröße gezeiget hat. Die feigen Geschichtschreiber hinter den Klostermauren, und die bequemen Gelehrten in Schlafmützen mögen sie noch so sehr verachten und verschreien: so muss doch jeder Kenner das Faustrecht des 12ten und 13ten Jahrhunderts als ein Kunstwerk des höchsten Stils bewundern; und unsre Nation, die anfangs keine Städte duldete, und hernach das bürgerliche Leben

Abb. 8: Holzschnitt nach einer Zeichnung von Eugen Neureuther aus einer illustrierten Götz-Ausgabe von 1846, der den politischen und rechtlichen Konfliktstoff des Stückes versinnbildlicht.

mit eben dem Auge ansahe, womit wir jetzt ein flämisches Stilleleben betrachten; die folglich auch keine große Werke der bildenden Künste hervorbringen konnte, und solche vielleicht von ihrer Höhe als kleine Fertigkeiten der Handwerker bewunderte, sollte billig diese große Periode studieren, und das Genie und den Geist kennen lernen, welcher nicht in Stein und Marmor, sondern am Menschen selbst arbeitete, und so wohl seine Empfindungen als seine Stärke auf eine Art veredelte, wovon wir uns jetzt kaum Begriffe machen können. Die einzelnen Raubereien welche zufälliger Weise dabei unterliefen, sind nichts in Vergleichung der Verwüstungen, so unsre heutigen Kriege anrichten. […]

Solchergestalt kann man behaupten, dass das ehmalige Faustrecht weit systematischer, und vernünftiger gewesen, als unser heutiges Völkerrecht, welches ein müßiger Mann entwirft, der Soldat nicht liest, und der Stärkste verlacht. Die mehrsten heutigen Kriegesursachen sind Beleidigungen, welche insgemein eine einzige Person treffen; oder Forderungen, so eine einzelne Person zu machen berechtiget ist; und woran Millionen Menschen Teil nehmen müssen, die, wenn es auch noch so glücklich geht, nicht den geringsten Vorteil davon haben. In einem solchen Falle hätten unsere Vorfahren beide Teile eine scharfe Lanze gegen einander brechen lassen, und dann demjenigen Recht gegeben, welchem Gott den Sieg verliehen hatte. Nach ihrer Meinung war der Krieg ein Gottesurteil oder die höchste Entscheidung zwischen Parteien, welche sich keinem Richter unterwerfen wollten. *Urlog* war die Entscheidung der Waffen; wie *Urteil* die Entscheidung des Richters. Und es dünkte ihnen weit vernünftiger, billiger und christlicher zu sein, dass einzelne Ritter ein Gottesurteil mit dem Schwerte oder mit dem Speere suchten, als dass hunderttausend Menschen von ihrem Schöpfer bitten, dass er sein Urteil für denjenigen geben solle, welcher dem andern Teile die mehrsten erschlagen hat.

Nun lässt sich zwar freilich das alte Recht nicht wieder einführen, weil keine Macht dazu im Stande ist. Es darf uns aber dieses nicht abhalten, die Zeiten glücklich zu preisen, wo das Faustrecht ordentlich verfasset war; wo die Landfrieden oder Confóderations[51] solches aufs genaueste handhabeten, und in einem Krieg nicht mehrere verwickelt werden konnten als daran freiwillig Teil nehmen wollten; wo die Nation einem solchen Privatkriege ruhig zusehen; und

51 lat., ›Bündnisse‹

dem Sieger Kränze winden konnte, ohne Plünderungen und Gewalttaten zu besorgen.«

Justus Möser: Patriotische Phantasien. Hrsg. von seiner Tochter J. W. J. v. Voigt, geb. Möser. Erster Theil. Berlin: Nicolai, 1775. S. 217 f., 321 f.

7.2 Roman Herzog: »Goethes *Götz von Berlichingen* zwischen Ritterrecht und Staatsräson«

Roman Herzog (1934–2017) war von 1994 bis 1999 Bundespräsident, zuvor Präsident des Bundesverfassungsgerichts. Er verfasste anlässlich des 50. Jahrestags der Burgfestspiele Jagsthausen, die das Schauspiel jedes Jahr an den Originalschauplätzen aufführen, einen Beitrag über den *Götz* zwischen Ritterrecht und Staatsräson.

Q

»*Der Ausgangspunkt: Rittertum und Fehderecht*

Bei historischen Betrachtungen, die weiter als ins 18., maximal 17. Jahrhundert zurückgreifen, muß man sich sehr davor hüten, von den staatsrechtlichen Vorstellungen der Moderne auszugehen. Das soll hier nicht im einzelnen untersucht und dargestellt werden. Selbstverständlich ist, daß die weitreichenden Leistungen der Gesellschaftspolitik, mit denen sich der Staat unserer Zeit zu profilieren sucht, vor dem 19. Jahrhundert überhaupt keine Rolle spielten. Aber auch die Staatsfunktionen, die uns heute als die ›klassischen‹ erscheinen – die innere Sicherheit und im Zusammenhang damit die Justiz – stellten sich damals ganz anders dar als heute. Selbst in Zeiten, in denen die Reichsgewalt auf der Höhe der Macht war, schlossen die Weite der Räume, die Begrenztheit der Informationsmittel und vor allem der Mangel an raschen Transportmöglichkeiten jeden Gedanken an moderne Sicherheitsverhältnisse aus, und die zunehmende Zersplitterung der Herrschaftsgebiete potenzierte diese Defizite noch zusätzlich. Eine Polizei im modernen Sinne gab es überhaupt nicht, und auch von der heute so oft beschworenen friedenstiftenden Wirkung des Rechts konnte noch keine Rede sein. Dieses war nicht oder doch nur ausnahmsweise schriftlich niedergelegt und damit auch nur halbwegs verläßlich, mächtige Rechtsbrecher konnten sich schon dem Erscheinen vor Gericht und erst recht der Vollstreckung eines gegen sie ergangenen Urteils entziehen, und wie es unter solchen Umständen mit der Unabhängigkeit und Neutralität der Gerichte aussah, kann man sich leicht ausmalen.

Daß der ›kleine Mann‹ unter diesen Umständen nur selten zu seinem Recht kam, kann nicht verwundern. Insofern war der Bauernkrieg von 1525, der in den ›Götz‹ zumindest hereinspielt, nur ein Versuch kollektiver Selbsthilfe; wir wissen, wie dieser Versuch ausgegangen ist. Auf Selbsthilfe beriefen sich aber natürlich auch solche Erscheinungen, die man heute eher als ›Hoheitsträger‹ bezeichnen möchte: die größeren und kleineren, oft gerade erst im Entstehen begriffenen ›Staaten‹ und zudem die kleinen Adeligen wie Berlichingen, Sickingen und Selbitz, die man als ›Ritter‹ bezeichnete und die gerade dabei waren, den Wettlauf um die Staatwerdung zu verlieren. Nichts könnte das Dilemma ihrer Lage besser charakterisieren als der Umstand, daß sie zwar, wenn sie Glück hatten, in keinen der entstehenden Staaten eingegliedert wurden und damit ›reichsunmittelbar‹ blieben, daß sie aber auch keinen Sitz im Reichstag erhielten oder, um es anders auszudrücken, nicht ›reichsständisch‹ wurden.

Erst von hier aus versteht man übrigens einen Satz des Goethe'schen Götz, der uns modernen Menschen auf den ersten Blick unbegreiflich, ja zynisch erscheint: er sei zwar dem Kaiser, nicht aber ›dem Reich‹ verpflichtet. Man muß wissen, daß ›Reich‹ nur eine Umschreibung für ›Reichstag‹ ist, und dem fühlte sich der Ritter verständlicherweise nicht verpflichtet, weil er ihm ja nicht angehörte und seinen Beschlüssen folgerichtig auch nicht zugestimmt hatte.

Es versteht sich fast von selbst, daß diese kleinen Aristokraten vor allem auf die – meist individuelle, bisweilen aber auch schon kollektive – Ausübung des Selbsthilferechts angewiesen waren, um ihre hergebrachten Rechte zu verteidigen und durchzusetzen. Der Kampf, den der Goethe'sche Götz um die Freilassung seines ›Buben‹ führt, ist ein geradezu klassisches Beispiel dafür; doch zeigen andere, auf dem Theater meist der Streichung anheimfallende Bemerkungen im ›Götz‹, daß die Ritter ›Selbsthilfeaufträge‹ auch im Interesse Dritter durchzuführen pflegten – Selbsthilfe für andere und gegen Honorar gewissermaßen.

Freilich ist der Begriff ›Selbsthilfe‹, den wir hier allenthalben verwenden, dem modernen Begriffearsenal entnommen, in dem das Wort oft den Beigeschmack des Unerlaubten, ja Illegitimen[52] angenommen hat. Zu Berlichingens und Sickingens Zeit hieß der ein-

52 Unrechtmäßigen

schlägige Fachausdruck ›Fehde‹, und dementsprechend spielt er auch in Goethes ›Götz‹ eine entscheidende Rolle. Für Berlichingen und seine Standesgenossen hatte er nichts Anrüchiges an sich. Hergebrachtem Recht entsprechend hatten sie das Recht zur Führung von Fehden, von dem sie folgerichtig auch gehörig Gebrauch machten.

Daß das Recht der Fehde auch gehörig mißbraucht werden konnte, soll hier nicht verschwiegen werden; das hat selbst im Leben des historischen Götz von Berlichingen, der bestimmt nicht der schlechteste unter seinen Standesgenossen war, eine wichtige Rolle gespielt. Das Recht der damaligen Zeit war, wie schon gesagt, nur ausnahmsweise geschriebenes Recht und konnte daher noch leichter ›verdreht‹ werden als heute. Im Klartext: Man konnte nicht nur rauben, plündern und kidnappen, um eine klare Rechtsverletzung durch andere zu ahnden, sondern man konnte eine solche Rechtsverletzung auch einfach behaupten, um unter Berufung darauf rauben, plündern und kidnappen zu können.

Ritter und Fürsten

Daß die jahrhundertelange, unkontrollierte Ausübung des Fehderechts durch größere und kleinere Adelsherren nur zu einem gewaltigen Chaos und vor allem zu ungeheueren Verlusten an Menschen und Sachwerten führen konnte, versteht sich von selbst, und dementsprechend wurde auch die Reihe der Versuche, hier Abhilfe zu schaffen, im Laufe der Zeit immer dichter. Von seiten des Reiches, aber auch von seiten einzelner, besonders mächtiger Herren und Allianzen[53] wurden immer wieder sogenannte Landfrieden verkündet, die Gewaltausübung verboten und unter schwere Strafdrohungen stellten. Der letzte dieser Landfriedensbeschlüsse wurde 1495 auf dem Wormser Reichstag verabschiedet, als Götz von Berlichingen gerade 15 Jahre alt war. Er hat ihn also gleichsam geerbt. Wirklich geachtet hat er ihn freilich nicht.

Man wird dafür – aus seiner Sicht – Verständnis haben müssen. Einerseits konnte er sich wie alle seine Standesgenossen auf ›altes Recht‹, d. h. auf sein Fehderecht berufen, und das ältere Recht war in jener Zeit stets auch das bessere, ›richtigere‹ Recht, zumal die meisten Ritter – weil zwar ›reichsunmittelbar‹, aber eben nicht ›reichsständisch‹, – am Wormser Reichstag ja gar nicht beteiligt gewesen

53 Bündnisse

waren. Vor allem sahen die kleineren Aristokraten aber, worauf die Sache für sie praktisch hinauslief: Der Landfriedensbruch sollte künftig zwar durch ein unabhängiges Gericht, das Reichskammergericht, festgestellt und die Acht, d. h. die Rechtloserklärung des Friedensbrechers, sollte ebenfalls durch dieses Gericht beschlossen werden; wenn es um die Vollstreckung dieser Entscheidungen ging, war aber doch wieder alles eine Machtfrage, und die Macht hatten die Großen in der Hand, also die Fürsten, die sich untereinander nur ungern in die Quere kamen und das ganz gewiß nicht für einen kleinen Ritter taten, dem Unrecht geschehen war. Das System von 1495 war gut gemeint und überdies logisch aufgebaut, zur Beruhigung eines Ritters, der einen Konflikt mit einem der immer mächtiger werdenden Fürsten zu bestehen hatte, konnte es aber schwerlich dienen.

Wer die Geschichte des Deutschen Reiches kennt, der weiß, daß die Friedensbewegung sich auf den Pfaden von 1495 denn auch nicht durchgesetzt hat. Die Geschichte ging ganz andere Wege: Sie begünstigte die im Entstehen begriffenen Fürstenstaaten, die einerseits genug Macht anhäuften, um der Landfriedensidee wenigstens in ihren eigenen Territorien zum Durchbruch zu verhelfen, und die zugleich versuchten, sich immer mehr Adelsherrschaften anzugliedern – im Falle Berlichingens, Selbitz' und Sickingens im Bösen, im Falle Weislingens im Guten.

Widerstreitende Rechtsordnungen

Im Grunde ging es also darum, daß zwei unvereinbare Rechtsvorstellungen, ja Rechtsordnungen miteinander im Streit lagen: die ›alte‹ Ordnung, die auf ritterschaftlicher Freiheit beruhte und das Recht der Selbsthilfe in den Vordergrund stellte, und eine ›neue‹ Ordnung, die auf den modernen, zumindest nach innen friedenstiftenden Fürstenstaat hinarbeitete. Goethes Drama handelt in seinen politischen Teilen eigentlich von nichts anderem als von diesem Konflikt zwischen alten und neuen Ideen.

Daß in ein und demselben Territorium zwei ganz verschiedene Rechtsordnungen miteinander im Widerstreit liegen und um Anerkennung ringen sollen, kommt uns modernen Menschen befremdlich vor, weil wir gewöhnt sind, Recht als etwas Schriftliches zu betrachten. Und in der Tat: Wenn es um geschriebenes Recht geht, läßt sich jederzeit eindeutig feststellen, welches Recht gerade gilt, und wenn Rechtsänderungen zur Diskussion stehen, dann tritt das alte Recht genau an dem Tag außer Kraft, an dem das neue wirksam wird; Überlappungen kommen höchstens auf Grund von Übergangsbestimmungen in Frage, die aber auch wieder für jeden einzelnen Fall die eine oder die andere Ordnung festlegen.

Ungeschriebenes Recht, wie es weitgehend das Mittelalter und auch noch die beginnende Neuzeit bestimmte, läßt so präzise Scheidungen nicht zu. Bei ihm kann es durchaus sein, daß die Praxis der politischen Eliten, aber auch die der Gerichte gespalten ist. Genau diesen Zustand der staatsrechtlichen Hängepartie zeigt Goethe im ›Götz‹ mit unübertrefflicher Genauigkeit, und vor allem: er zeigt ihn fast lehrbuchartig aus allen in Frage kommenden Blickwinkeln. [...]

Es ist sehr hübsch zu verfolgen, wie der jugendliche Dichter seine Exponenten von Diskussion zu Diskussion ihre Standpunkte präziser und schärfer, ja sogar verletzender formulieren läßt. Auch das kann hier nicht in allen Facetten dargestellt werden, aber einige Szenen, in denen sich der Streit aufs höchste zuspitzt, sollen doch erwähnt werden. So die erste Szene des dritten Aktes, in der Weislingen zum Kaiser sagt: ›Es ist mitnichten ganz Deutschland, das über Beunruhigung klagt. Franken und Schwaben allein glimmt noch von den Resten des innerlichen, verderblichen Bürgerkriegs.‹ Bürgerkrieg – dieses Urteil stimmt nur, wenn Fehde etwas absolut Illegitimes ist und wenn die Ritter, von denen die Fehde ausgeht, Untertanen und nicht selbständige politische Akteure sind. Und im vierten Akt, in der Heilbronner Rathausszene, sagt es der kaiserliche Rat noch deutlicher: ›Einem Räuber sind wir keine Treue schuldig.‹ Berlichingen bleibt fast das Wort im Halse stecken, und nur mühsam plaziert er seinen Konter: ›Ich bin in einer ehrlichen Fehde begriffen. Du könntest Gott danken und dich vor der Welt groß machen, wenn du in deinem Leben eine so edle Tat getan hättest, wie die ist, um welcherwillen ich gefangen sitze.‹ Klarer geht es nicht mehr, auf beiden Seiten.

(Übrigens erleben wir zu unseren Zeiten durchaus auch Konflikte zwischen gegensätzlichen Rechtsordnungen, freilich nur noch im Völkerrecht, das ja zum Teil immer noch aus ungeschriebenem Recht besteht. Der Kampf um die Menschenrechte, denen die westlichen Staaten auch dort, wo sie nicht in internationalen Pakten niedergelegt sind, universelle Geltung zuschreiben, während asiatische und afrikanische Staaten genau das bestreiten, ist vielleicht das schlagendste Beispiel dafür. Überhaupt ist es interessant zu sehen, wie Konflikte, die in vergangenen Jahrhunderten in Europa auf nationaler Ebene ausgetragen werden mußten, sich heute – natürlich mutatis mutandis[54] – auf internationalem Gebiet und weltweit wiederholen. Auch die Versuche der Vereinten Nationen, sich unter Zuhilfenahme der Großmächte als eine Art Weltpolizei zu etablieren, erinnern ja durchaus an die frühesten Zeiten des modernen Staates.) [...]

Freiheit

Es bleibt noch ein letzter Aspekt des Goethe'schen Dramas zu erörtern: der der Freiheit, deren gerade in den bewegendsten Szenen des Stücks wiederholt gedacht wird.

Man muß sich davor hüten, diese Deklamationen[55], die Goethe gewiß nicht von ungefähr in die Zeit des Sturm und Drang hinein geschrieben hat, so zu verstehen, wie sie heute leicht verstanden werden. Ein politischer Freiheitskämpfer, etwa im Sinne der französischen Revolution, des deutschen Widerstandes nach 1933 oder der Befreiungsbewegungen in der Dritten Welt, war Götz von Berlichingen nicht, weder der des Dramas noch sein historisches Vorbild. Wenn *er* von Freiheit spricht, so meint er die Freiheit des adligen Rittertums, also erstens dessen Freiheit vor der Strangulierung[56] durch die Fürsten und zweitens Freiheit zur Ausübung des Fehderechts. Szenenapplaus, wie er gerade in Freilichttheatern während der Saalszene des dritten Aktes zu hören ist, ist also schwerlich angebracht. Man sollte dem Stück nicht mehr zumuten, als es tatsächlich hergibt. [...]

Selbsthilfe und Fehde als Jedermannsrecht wären gewiß das letzte, was in modernen Massengesellschaften zu wünschen wäre.«

Roman Herzog: Goethes »Götz von Berlichingen« zwischen Ritterrecht und Staatsräson. In: »... denkt. Ihr seid wieder einmal beim Götz!« 50 Jahre Burgfestspiele Jagsthausen 1949–1999. Bearb. von Peer Friedel und Markus Müller. Heilbronn: Heilbronner Stimme, 1999. S. 9–17. –

54 lat., ›mit den nötigen Abänderungen‹
55 leidenschaftliche Meinungsäußerungen
56 Abklemmung von Organen mit Tötungsabsicht; hier in übertragener Bedeutung

8. Literaturhinweise

Hans Henning: Goethes »Götz von Berlichingen« in der zeitgenössischen Rezeption. Leipzig: Zentralantiquariat der Deutschen Demokratischen Republik, 1988.

Walter Hinderer: Götz von Berlichingen. In: Interpretationen. Goethes Dramen. Hrsg. von W. H. Stuttgart: Reclam, 1992. S. 13–65.

Peter Matussek: Goethe zur Einführung. Hamburg: Junius, 1998.

Rainer Nägele: Johann Wolfgang Goethe: Götz von Berlichingen. In: Interpretationen. Dramen des Sturm und Drang. Erw. Ausg. Stuttgart: Reclam, 1997. S. 7–31.

Kurt Rothmann: Kompaktwissen für Schülerinnen und Schüler. Johann Wolfgang Goethe. Stuttgart: Reclam, 1994.

Helgard Ulmschneider: Götz von Berlichingen. Ein adeliges Leben der deutschen Renaissance. Sigmaringen: Thorbecke, 1974.

Zum »Götzwort«:

Heinz-Eugen Schramm: L. m. i. A. Des Ritters Götz von Berlichingen denkwürdige Fensterrede [...]. Tübingen: Schlichtenmayer, 1960.

Raum für Notizen

Raum für Notizen